SHORTING CHINA

做空之祸

▸ 谁在分食中国概念股 ◂

石俊◎著

浙江大学出版社
ZHEJIANG UNIVERSITY PRESS

自　序

　　想要写作《做空之祸：谁在分食中国概念股》之前，我是一个刚刚加入《经济观察报》的财经记者，虽然一直在学习各种财经、金融课程，但是新闻学的背景和多年电视台新闻报道的工作经历，也没有让我在财经领域积累到足够丰富的知识，至少远没有丰富到可以形成一本能跟大家分享的书。所以，经过近两年的采访、调查准备，最终这些文字正式地被汇集成册的时候，回过头来看，真的佩服自己当时的勇气，因为有太多比我资深的行业内、传媒界、学术界的前辈们，他们都没有来做这件事情。

　　但是，这是一件非常有意义的事情。从2011年年末，我开始追踪报道浑水、香橼等做空机构狙击中国概念股的新闻。采访、报道得越多，越发现中概股被做空是一个产业链上的东西，且中国公司被狙击的种子早在10年前，那股赴美借壳上市潮的时候就已经被埋下了。为了还原这段历史，两年来，我与很多赴美借壳上市的中国企业创始人、财经公关、券商、律师等所有产业链上的人员都深入地进行了访谈。

　　始于2000年的中国企业借壳上市潮中，这些企业的业务范围包含了各

行各业,但是总的来说还是以制造业居多。让我印象最深的企业家访谈对象,要数瑞达电源的创始人胡家达。他作为一个典型的草根创业者,眼看公司在国内资本市场和银行融资无门,最终选择带领公司走上了被中介机构包装赴美借壳上市之路。美国资本市场是给了瑞达电源前期发展所需要的大量资金,但是原本勤勤恳恳的胡家达,发现炒自己公司的股票每月所赚的钱,要比经营制造业来得容易得多。也就是从上市后开始,胡家达将自己的工作重心转为来"取悦"投资者。每个月发布季报之后,胡家达都要在办公室苦思冥想怎样向投资者推销自己公司的股票,比如"瑞达电源马上要出新的电源技术"、"瑞达电源又要拓展国际业务了"等等。

对于胡家达来说,路演之后的成效是显著的,因为他第二天就会看到有基金大举买入自己公司股票。胡家达在享受公司股价大幅上涨所带来的利益的同时,却是非常心虚的。沉浸在美国上市公司老板身份所带来的光环没两年,瑞达电源终因业绩持续不佳,而被退至粉单市场。胡家达也遗憾地向笔者感叹:公司业绩才是企业家的"儿子",做好业务才是本源。

当然,瑞达电源的遭遇其实只是众多企业中的一个。截至 2010 年年底,通过借壳在美国上市的中小型中国企业有 400 家左右,大约 85％的企业面临的最大问题是上市后成交冷淡、股价低迷。中国公司为在美国上市花去大量的成本雇佣律师、会计以及承销商,但回报率不如预期,并没有在美国获得很好的融资收益,出现了中国概念股在美国资本市场"叫好不叫座"的尴尬局面。

据美国《巴伦周刊》发表于 2010 年 9 月的调查数据显示,通过反向收购借壳上市的中国企业,在上市后股票大都表现惨淡。这类股票的总市值已从600亿美元缩水至200亿美元,与高点相比跌了有六成之多。大多数通过反向收购而上市的股票市值都在5亿美元以下,从农业和食品到工程与化工,覆盖各行各业。

中国中小型企业股在美受冷落是由多种因素造成的。

首先,中国企业赴美上市目的不同,一些企业不以融资为主要目标。除了为谋求海外市场资金之外,还有一些企业赴美上市并不是以融资为主要目的,并不重视企业上市后的可持续发展战略。单纯从投资收益来看,中国股市市盈率和价格都好过美国股市,但由于中国主板市场门槛较高且监管严格,而创业板的排期较长,很多中小型企业难以获得上市机会。而美国资本市场监管相对宽松,为这些企业上市创造了条件,使其具备了上市的资格。其中一些企业赴美上市的最大目的是通过挂牌美国股市,获得上市企业的特有条件、完善企业责任制、获得中国政府重视、享有国际企业声誉等。还有一些国有企业的附属公司为了私有化也通过赴美借壳上市的方式转型。此类公司重点追求挂牌,而不会在意上市后的融资效果和可持续发展,或者不够重视美国投资者的利益,上市后投资人会因企业经营没有起色或管理不够规范而弃股。

其次,借壳上市规模较小,易受美国资本市场做空势力的操控和打压。大多数通过反向收购而上市的股票市值都在5亿美元以下,规模较小,股价易被操控,成为华尔街做空势力的牺牲品。且中国企业缺乏上市后继续提高企业形象的战略计划。大多数中国企业高管不够重视上市后的后续工作,认为上市了就算大功告成,在增加股票销售、扩大企业影响力等方面没有后续力量。相当一部分中国企业愿意花大价钱赴美上市,却不愿花一分

钱做好企业形象宣传。再加上部分中小型企业常被金融咨询中介"忽悠"着赴美上市,对上市后应负的责任、所承担的后果没有足够的准备。

当前,承接中国企业赴美上市业务的中介机构鱼目混杂,有些中介机构为从中获得巨额利润,煽动中小型企业赴美上市,而对其中的法律责任、真实的美国资本市场、上市后需要面对的问题以及应对方式等都没有清晰、明确的说明。这使得很多中国企业盲目乐观,上市后出现资本困境或法律纠纷时,往往措手不及,毫无应对能力,企业不仅没能获得预期收益,更是遭受巨大损失,甚至面临被摘牌的危险。这些中介机构多为美国企业在中国操作,而中国市场目前尚未有监管机构对其进行严格的调查和管理。

本书回顾了 2000 年以来,一些活跃的中介机构在中国是如何寻找项目,如何引导那些对美国资本市场毫无了解的中国企业家,通过对企业财务进行包装,从而成功使企业借壳上市;再从做空机构如何发现中概股财务造假,怎样做研究,写到如何联合对冲基金对中概股进行狙击。最后,本书探讨了中概股该何去何从的问题,当然这是一个短时间内不好回答的问题。甚至到 2013 年 7 月,本书完稿的时候,中国企业也在美国资本市场上来来回回,有的正在寻求私有化退市,有的还在前赴后继地启动赴美上市的旅程。

关于本书的写作,非常感谢之前《经济观察报》的实习生、目前《华夏时报》深圳站记者曹丹,很多个晚上,她帮我收集整理中概股的资料到深夜。同时还要感谢蓝狮子的编辑徐蓁,本书从写作思路到最终出版的各个环节,她都给我提供了各种帮助。更要感谢接受我采访的各位,是你们对我知无不言地分享知识,才有我对这一主题更深入的了解。最后还要感谢我妈妈陈昌钰女士对我写作进度的鞭策。同时,希望大家能够通过对本书的阅读,了解到整个产业链的全貌,不枉费大家时间。

2013 年 7 月 20 日

于深圳福田

目录
Content

做空之祸
——谁在分食中国概念股

引子
罪恶的由头

【2007 年 10 月，香港，DealFlow Media^① 会场】

　　沃特(中国)财务集团创始人兼首席执行官 (CEO)张志浩，正在台上就中国企业赴美借壳上市(APO^②)的乱象作主题演讲。台下坐的都是在中美资本市场上异常活跃的来自财务顾问公司、券商、基金以及行业律师的代表。

　　从 2000 年开始，中国众多财务不达标的中小

---

　　① DealFlow Media 是美国知名资讯公司，主要服务于中国和其他亚洲市场。DealFlow Media 于 2002 年正式成立，并同时推出公司第一个产品——PIPEs 行业报告。该报告是投资市场上首份专门针对私募股权市场的研究工具。

　　② APO，全称是 Alternative Public Offering，是指境外特殊目的公司在完成与美国 OTCBB 市场壳公司反向收购交易(买壳上市)的同时，实现向国际投资者定向募集资金。

型企业或者是优质的企业,正在被以上提到的各界人士精心包装之后,批量地带往美国的三板市场OTCBB(即场外柜台交易系统),并赢取暴利。

成立于2003年的沃特(中国)集团,也是其中的一家。时至2007年,沃特在中国从事帮中国中小企业赴美借壳上市的业务。此前美国沃特财务集团(HFG)因发明了APO的上市方式,垄断了美国市场上近一半的壳资源,并闻名于世。沃特财务集团董事长兼首席执行官蒂姆·沃特更是被外界冠以"借壳王"的称号。沃特财务集团通过在美国资本市场拥有庞大的触角以及在中国的广泛布局,几乎占据了通过APO方式赴美上市的中国企业近乎20%的市场。

劝说一些资质不那么优良的中国企业到美国上市,在当时正是一个非常流行的买卖。而这段历史的起因,还得从20世纪90年代末说起。彼时,美国投资人对美国的科技股表现出了如2012年5月,上市前的Facebook一样的过度狂热。资本市场对科技能创造财富的神话的过分热衷,最终导致了始于2000年美国股市泡沫的破灭,科技股板块纳斯达克指数一度从最高时候的5048点跌到1172点,投资者蒙受巨大的损失,同时对实体经济也造成了一定的打击。

沉寂了3年之后,美国资本市场开始逐步恢复,投资者手握大量资金,急需找到新的投资机会,而这个时候"China Story"(中国故事)成了一个炙手可热的投资话题。在美国投资者的心中,中国,这个遥远而又神秘的亚洲新兴国家,每年都保持着高速的经济增长速度,企业成长迅速、朝气蓬勃。华尔街的投资者们像发现了新的宝藏一样,每天都在谈论关于到中国掘金的话题。而当时的中国正在收紧银根,资本市场相对封闭,急需资本注入的中国上千万的中小企业苦于无处融资,正嗷嗷待哺。

哈尔滨泰富电气有限公司就是其中之一。这家成立于 2000 年的小型高新装备技术公司,创始人杨天夫白手起家,到 2003 年,公司销售收入达到 4000 多万元人民币。随着规模越做越大,泰富电气急需资本来进行扩张发展。而当时中国资本市场的现状,让创始人杨天夫感觉到无望。他找政府部门贷款,相关部门人士却非常不专业地对企业施加压力,揠苗助长。杨天夫回忆起当时的情况说,一名政府部门的官员让泰富电气马上申请专利,期待着公司今天注册,明天就投资,后天就能赚多少个亿。他对官员说道,今年销售 1000 万的企业明年就销售上亿,那它一定是卖白粉的。银行融资渠道受阻,当时号称"中国纳斯达克"的创业板也只在吆喝的阶段,资产证券化更是一个崭新的东西。中小企业在国内融资这条路被堵死了。杨天夫开始病急乱投医,在关系到企业未来发展命脉的时刻,若能抓住一根救命稻草,顺利融资,这在当时的杨天夫眼中,比什么都重要。

同样的遭遇也发生在当时成千上万的中国民营企业家身上,他们急需资金,美国投资人则极力看好"中国故事",如干柴烈火一般,美国的资本和中国的企业,迅速地走到了一起。

一些优秀的民营企业,亦将能到美国上市当作自己的目标,此中包括百度、新东方、分众传媒、新浪、深圳迈瑞等 230 余家优质中国概念股纷纷赴美 IPO①,一共融资超过 400 多亿美元。这些优质的中概股,都经历了上市前的"阵痛",即通过了大型投行、大型律师事务所非常详尽的审计和尽职的调

---

① IPO,全称是 Initial Public Offering,即首次公开募股,是指企业通过证券交易所首次公开向投资者发行股票,以期募集用于企业发展资金的过程。

查。在始于 2010 年的做空潮中,优质的中概股即使有少数被恶意做空,但是都能专业化应对,最终战胜做空者。

但是,正如上文中 DealFlow Media 的会议目的一样,更多的不能满足赴美 IPO 财务条件的中国中小型公司正打算走借壳上市的快速通道,到 OTCBB 上进行交易。虽然从融资规模到市场关注度,远远没有直接赴美 IPO 那么高,但是也能够缓解中小企业的燃眉之急。在这种背景下,2003 年到 2004 年,熟悉美国资本操作的人士开始纷纷以资本掮客的身份来中国挖宝,沃特财务集团正是其中一个。而在之后的五六年中,一些之前从来没有听说过的财务中介机构,如中美桥梁资本、纽约国际集团、香港布雷斯集团、美国万通投资集团、道格拉斯财务集团、中美投资集团等,开始活跃在中国中小企业界,并成为地方政府的座上宾。据了解,除了这些叫得上名字的中介机构外,还有一些籍籍无名的小型财务中介、券商、律所等,大大小小近百家。

财务顾问进场后,在全国到处寻找合规或者不合规的中小企业,对它们进行无底线的财务包装,先到 OTCBB 上挂牌,待业绩得到"美化"之后,再转到主板,这在当时,成了一条中小企业迅速融资、中介机构迅速致富的产业链。但是,到 OTCBB 上挂牌的企业往往会因为自身财务状况的问题,转板成功的几率非常低。据了解,在当时千余家赴美借壳上市的中国公司中,只有不到 20% 的企业可以转板成功。

不过,由于对中国企业十分信任,只要企业能成功地转板上市,这只中概股总会经历一轮毫无悬念的涨幅。美国资本与中国企业的这场恋爱,其实并没有"感情基础"。起初,中国企业家们对美国资本市场毫无经验,他们以为纳斯达克就是中国的 A 股搬到了美国,他们不了解企业在美国上市的规则制度,不知道要做好信息披露,更不知道美国资本市场其实也可能会"陷阱重重"。而美国资本界也根本不了解中国企业的行为模式和风险,其结论是中国企业的增长要超过美国,这仅仅是根据中国国内生产总值(GDP)每年10%以上高速增长的预期,而对行业或者是所投资的中国公司并没有进行过调研。彼时,尚处蜜月期的双方看到的,都是对方的好处。

据统计,在此期间一共有将近350家中国企业以APO的方式赴美成功在OTCBB挂牌。在OTCBB上挂牌上市,时间短,财务要求低,然而中国企业家主动或者在中介机构的唆使下被动地造假,为这个市场的良性发展埋下了隐患。运作一家企业赴美上市,中介机构的收费一般分为三部分:第一部分是百万美元以内的服务费用;第二部分是中介机构会收取上市公司的股权;第三部分是买壳的费用。虽然壳资源一般是由中介机构自己在美国造出的空壳,价格不到5万美元,但是这些中介机构还是要收取企业数十万美元的买壳费用,并还会要求在壳资源中保留一定的股份。后来中介机构为了吸引客户,通常向中国企业保证免费上市,即不收取第一部分的服务费用,而股权收入成了其最大的收入来源。巨大的金钱诱惑,使得一些中介机构开始没有道德底线地寻找标的。一些财务状况明明不达标的公司,这些中介机构也要千方百计将其运作上市。

中介机构在与中国的企业签订协议的时候,往往会签订很多苛刻的条款,如上所述,收取较多股权便是其中一个。这种条款若中国企业接受,注定是要吃亏的,但是什么样的企业会最终接受这些条款呢?当美国资本以一个不合理的价格得到一个貌似美好的东西的时候,很可能买到的只是一个坏东西。

　　一时间,中国企业与美国资本之间,形成了一种互相欺骗的状态。中国的一些无良的中小企业业主,见一些中国企业去美国资本市场上市圈钱非常容易,于是也开始欺骗中介机构,将自己的企业主动包装成优质企业。"中国企业财务欺诈,美国的投资人受到损失,这其中中国企业和中介机构双方都有责任。早期当然是贪婪的美国资本的过错,否则对资本市场一窍不通的中国企业根本没有能力来进行欺诈。"2012年6月张志浩在其上海浦东金融中心的豪华办公室对笔者如是说。

　　2008年,席卷全球的金融危机开始爆发,美国经济一片衰败。当年,共有10家中国企业赴美路演,但是只有两家发行股价非常低的公司,广而告之与正保远程教育赴美成功IPO。然而金融危机的爆发,反而掩盖了早已岌岌可危、千疮百孔的中概股借壳上市的市场。美国市场的低迷,使得更多的美国中介机构将阵地转入中国,加入这一本已经触碰到道德天花板的阵营,想要在中国逆市寻找机会。2010年,中概股市场积弊成疾,危机终于爆发了。

　　先是嗅觉灵敏的基金经理,然后一些专业的做空机构陆续出现,原本就被包装得脆弱不堪的部分中概股,在"空手道"的袭击下更是不堪一击。部分中概股在做空机构的一则分析报告发表之后,股价毫无底气地应声大幅下跌,多数更是面临腰斩。这一大批倒下的就包括了东南融通、中国高速频道等40余家的企业。长期以来,中国企业家对公司治理方面的忽视,使得企业在遭遇外部舆论攻击之后便不知所措,缺乏基本的危机处理能力。

　　与对冲基金合作、买入空单、发布做空报告、股价下跌获利、律师团队集体诉讼被做空公司,在这条长长的做空产业链上,一些不谙美国资本市场规则的中概股,还只是遭遇了其中袭击的第一个环节。之后的集体诉讼等诸多环节,才真正让中概股的企业家们感到自己犹如一只任人宰割的羔羊,茫然失措。

被错杀的中概股企业家们,本可以拿起手中的武器,对做空机构进行起诉。但是,对于真正财务造假的企业来说,在造假发生的那一刻,已经失去了与人抗争的主动权。美国的股市,并不是中国 A 股直接搬到美国那么简单,与正在发展中的中国的股市不一样,它们的投资者们和监管机构,对作假是零容忍的。因为,诚信被看作资本市场最宝贵的东西,当你丢失了这份宝贵的东西,企业将一文不值,这个特征在安然事件中得到了充分的体现。

在这场中概股危机中,当然有被投机的做空机构如浑水、香橼们错杀的企业,如新东方、展讯通讯和在 2012 年宣布私有化的分众传媒等企业。但是,更多的企业却并不是被错杀。做空令人遗憾的后遗症是,自从 2011 年开始,中概股已经在以美国为代表的全球资本市场被贴上了造假的标签。在美国、新加坡、德国等股票交易市场,中概股的市盈率低到个位数,甚至不足 3 倍。

而这场中概股的造假风波的始作俑者是谁? 对中国企业的造假,是谁的责任? 是谁在诱导中国公司造假?

首先,从借壳上市 APO 来看,APO 只是一种融资的工具,在早期确实能帮助一些企业融资、发展业务,而问题的关键,不应该一味地对这一工具进行指责,真正该受到指责的,应该是滥用这种工具的人。这些人包括一些做反向收购的中介机构,它们中的一部分不但资质较差,且层层外包,尽职调查报告质量也参差不齐,与急于想到美国资本市场上融资的劣质企业一拍即合,引发日后许多法律结构与财务数据方面的问题。一些由于财务状况

出问题而被大型投行否掉的项目,到了一些中介机构的手中,第一件事就是将之前的律所等审计机构全部换成自己的团队,经过包装之后,立马能够成功上市。

当然,美国的监管机构也应该被指责,其中责任最大的应该是美国公众公司会计监督委员会(Public Company Accounting Oversight Board,简称PCAOB)。在美国,所有会计师事务所必须获得PCAOB的批准,才能有资格审计美国的上市公司。而在美国出现欺诈问题的中国企业中,八成以上是美国本土机构做的服务工作,而这些机构大多是非常小的家庭式公司,缺乏有效监管。不过,究竟是不是所有参与这些中国小型企业赴美借壳上市的美国会计师事务所,在成立之初的目的就是协助中国企业造假,或者中国企业主动的造假行为,真的就让这些美国的审计机构都无法察觉呢?

在相对成熟的香港市场,中国企业基本没有爆出造假丑闻。一名参与了诸多中国企业赴美借壳上市项目的律师对笔者说,APO市场,最先是由中国财务顾问主导,起初也是非常规范的,但是随着越来越多的中国人参与到这个领域,竞争的出现使得一些造假行为开始慢慢地显现。

当时在市场上活跃的一些中介机构,都赚了一大笔钱,在中概股危机爆发之后,它们有的被查处,但是更多的却逍遥法外。在美国的中介机构,监管机构为这一部分中国企业助长风气的同时,中国一小部分企业业主主动造假,企图到资本市场圈钱后走人的行为也令人侧目。而这一波造假行动,在资本市场上影响的将不仅仅是中国的某个企业、某类产业,而是将影响到世界对一个中国人的价值判断,一旦被贴上标签,要想洗刷掉这个污点,无疑需要一段漫长的时间。

Chapter 1

中国概念股，看上去很美

一切刚刚开始

他们，长着一张中国的脸孔，说着一口流利的英文，在美国资本市场摸爬滚打多年，熟知中美市场规则差异。他们中有上市财务顾问、券商、律师、会计师、审计员，他们之间互相帮忙，互相介绍业务，构成了一条中国企业赴美上市的利益链。从 2000 年到 2011 年的这 10 多年里，他们一手导演了中国企业以反向收购赴美上市的这场大戏，也被认为是之后中概股被集体做空的始作俑者，且在中概股集中爆发做空潮之后饱受争议。

从 1998 年进入中国为中国中小企业开展赴美上市服务，到 2012 年 1 月被美国 FBI 调查，美籍华人本杰明·卫(Benjamin Wey)，是这段历史中不得不提的人物。70 后的本杰明·卫，原名魏天兵，出生于北京，曾在南开大学就读，未毕业便赴美国俄克拉荷马州立大学，攻读 MBA(工商管理硕士)学位，毕业后就职于一家券商，并先后以俄克拉荷马州州长中国顾问的身份，

协助俄克拉荷马州政府举办了一系列同中国有关的贸易活动。

让本杰明职业生涯发生改变的是1998年他的一次回国之旅。1998年，本杰明回到中国，与中华全国工商业联合会领导以及企业家坐在一起聊天时，问到中国经济增长的魅力和潜力在哪里，在场者的答案竟是，中国的民营企业是在夹缝中生存的幸存者和成功者。

此时的本杰明离开中国已有近10年的时间，在美国的资本市场游刃有余的他，其间虽参与了中国企业的一些商贸活动，但是对当时整个中国的经济情况还是缺乏更深入的了解。但是此次的中国之旅，让他看到了中国民营中小企业融资艰难的状况。

到美国上市去！

1998年的中国，经济正在高速发展，成千上万的中小企业期望得到资本以助其发展。但是当时，中国的资本市场太过简单，中小板还未开闸，创业板亦遥遥无期，当时仅有的A股主板市场对上市公司财务状况的严格要求，使得企业上市融资变成了国有大型企业的特权，中小民营企业直接融资的渠道很难实现。当时国内金融机构仍以四大银行为主，银行业的高度垄断与产业的高度垄断相一致，导致四大银行只愿给国有企业贷款。一些中国民营企业苦于融资无门，从1993年起，陆续到海外寻找上市契机。而美国开放的金融市场，无疑是中国民营企业的一个绝好的选择。

当时的美国资本市场，经过300多年的发展，已经成为世界上最发达的资本市场。美国资本市场层次分明、结构合理、风险分散，呈现一种多重覆盖的金字塔结构。美国的资本市场大致可分为四个层次。

第一层次是全国性的交易市场,以纽约证券交易所(NYSE)为代表。纽交所主要为成熟企业提供上市服务。据统计,在纽交所有3000多家总市值超过150万亿美元的企业挂牌进行股票交易,约有450家来自50个不同国家的企业,超过3600只股票在市场上流通。纽交所也是美国所有的交易市场中对企业上市要求最高的,其主打传统型企业。很多大家熟知的大公司都选择在纽交所上市,例如IBM (NYSE:IBM)、波音 (NYSE:BA)等等。

中概股中深圳迈瑞医疗(NYSE:MR)、优酷土豆(NYSE:YOKU)、新东方(NYSE:EDU)、奇虎360 (NYSE:QIHU)等都纷纷在纽交所挂牌上市,不过现在为了吸引优质的科技股到纽交所上市,纽交所也在逐步降低上市门槛。

第二层次是创业板市场,以纳斯达克全国资本市场(NASDAQ)和纳斯达克小型资本市场(NASDAQ Small Cap Market)为代表。全国资本市场有严格的财务、资本、管理等要求,面向成熟型公司,目前市场内有4400多只股票流通。小型资本市场的要求相对较低,面向规模较小的、处于成长型的新兴公司,有1700多只股票。纳斯达克市场有灵活的跃迁机制,成长型的企业在小型资本市场获得一定程度的发展后,只要符合相关标准,就可以顺利地进入全国资本市场。同时为了保证资本使用效率,纳斯达克也对上市公司的经营提出了要求,不满足市场要求的企业将被迫摘牌,退入更低一级的市场。在纳斯达克上市的也以科技类的公司居多,比如大家熟知的英特尔(NASDAQ:INTC)、苹果 (NASDAQ:AAPL)、思科 (NASDAQ:CSCO)等。

目前,中国的多数互联网科技公司,都在纳斯达克上市,如百度(NASDAQ:BIDU)、新浪 (NASDAQ:SINA)、网易 (NASDAQ:

NTES)等。

第三层次是区域性证券交易所,主要包括芝加哥证券交易所、太平洋交易所、费城股票交易所、波士顿股票交易所和国际证券交易等。

第四层次是美国场外柜台交易市场(Over the Counter Bulletin Board,简称OTCBB)市场、粉红单市场(Pink Sheet Market)以及地方性柜台交易市场,主要是为未上市的股票和证券提供交易和流通的场所。到OTCBB上市的企业,并不具备实际的融资功能,但其市场门槛低,交易产品多,吸引了众多的交易者进入,培育了大量的可上市公司资源,也为退市公司提供了一个栖息地。在OTCBB市场上的公司只要达到相关财务或盈利标准就可以进入纳斯达克小型资本市场或全国市场,这也就是俗称的转板。粉红单市场仅提供报价服务,为投资者提供了大量的信息和投资机会。这一范围广阔的基础层次资本市场的存在,完善了资本市场体系,为上市融资等高层次资本运作提供了有力的支持。

其实,从1992年起,中国公司就开始在美国上市的征途,且在美国证券市场上市的过程中经历了极大的起伏。

据笔者查阅的资料显示,20世纪90年代,中国公司在美国上市有两种形式:一类是在香港上市的国企H股以美国存托凭证方式(Depository Receipts,简称ADR)在美国纽约证券交易所上市,如青岛啤酒、上海石化、马鞍山钢铁等8家公司;另一类为外资或中资的公司以境外的公司收购中国国内的资产（VIE①模式）直接在美国上市，如华晨金杯汽车、中国中策轮胎和正大易初摩托。华晨金杯汽车是首家在美国发行股票上市（IPO）的中国公司，于1992年10月9日在纽约证券交易所上市。首批在美国上市的中国公司几乎都来自制造业。

20世纪90年代初期，中国刚开始对外资开放，中国经济的增速强劲地吸引了国际投资者。中国股票在美国上市后，受到市场的热烈追捧。1997年，中国第一大啤酒品牌青岛啤酒H股在美国发行存托凭证，即获得了200多倍的超额认购，而华晨金杯汽车在上市后的第一个月内，股价从16美元，涨到了33美元。

当时赴美IPO的中概股，总体看来，主要有5个行业的中国公司：TMT（科技、媒体、通信），教育，医疗健康，新能源，有新模式的消费概念，这些领域涵盖了90%到美国IPO的中国公司。第一次中概股热潮从1992年持续到1994年即开始消退，中概股股价下跌。这次下跌的原因主要是墨西哥爆发金融危机，使得美国投资者对新兴市场失去信心，且中概股本身也出现了零星的造假问题。中国公司在上市后，公布的中报和年报业绩与公司管理层在上市时所作的预测出现很大的出入，国际投资者大量抛售中国股票，形成了中概股的第一次低潮。

沉寂一段时间之后，1997年上半年，香港市场开始复苏，中概股迎来第二次上市高潮。此轮上市的主题主要包括两类：一类是航空以及铁路、公

---

① VIE，全称是 Variable Interest Entities，即可变利益实体，也称为"协议控制"，为企业所拥有的实际或潜在的经济来源，但是企业本身对此利益实体并无完全的控制权，此利益实体系指合法经营的公司、企业或投资。

路、电力等基础设施领域的 H 股公司,如华能电力国际、中国东航、南方航空、大唐发电等;另一类是红筹股公司,主要是从事垄断业务的公司,如中国移动以及有政府背景的北京控股、上海实业等。这些公司在香港上市的同时,在美国以 ADR 的方式上市或在场外交易市场(Over the Counter,简称OTC)挂牌交易。处于对中国基础设施增长潜力以及对上市公司垄断业务的乐观预期,这些公司在美国资本市场受到投资者青睐。但 1997 年 8 月起,亚洲金融危机全面爆发,随后引发经济萧条,使股市价格全面暴跌。

企业在美国资本市场挂牌,并没有太多的盈利条款限制,只要企业能有一个被投资人看好的商业模式,有良好市场前景,即可获得美国资本市场的青睐。而在美国上市,审批结束之后,上市企业最少只需要 3 个月的时间,就能成功 IPO 上市融资。对急于融资的中国企业来说,到美国上市流程简单、时间短也是一个吸引因素。

另外,美国资本市场汇集了全世界各方面投来的资金,对任何一家懂得游戏规则的好公司来说,融资的机会都很大。并且因为美国的资本市场是完全市场化的,所以只要企业的业绩足够好,一年的融资规模和次数是不受限制的。而在中国上市公司的融资规模和次数虽无明确的限制,但是国内对上市募集资金数额和使用都有相应的规定。

当时,选择直接赴美 IPO 方式到美国主板上市的中国企业数量,占据了绝大多数。中国证监会当时对拟赴美上市的企业设立了 3 个要求:中国证监会要求到境外主板市场上市的国内企业的净资产规模必须在 4 亿元以上;到境外主板上市的国内企业的税后利润在 6000 万元人民币以上;融资额在5000 万美元以上。所以彼时赴美上市的企业大多质地优良,基本上都是国有企业。

国内中小企业如果想要赴美上市融资，只能先到OTCBB买壳挂牌，当业绩好转之后，再转板到可以融资的纳斯达克或者纽交所。当然，这样的企业的类型就五花八门。借壳上市虽然一直都不是主流，但是因为借壳上市时间短，价格低廉，容易操作，且对拟挂牌的公司没有盈利等诸多要求，深得当时急需资金注入的民营企业家的青睐，在数量上也是正规IPO方式企业的数倍。且以当时美国市场为例，IPO的费用高达150万美元左右，需要1年左右的时间，而借壳的费用，包括壳资源本身、法律程序、审计，总体费用会控制在40万～60万美元之间，时间也缩短为3～6个月。

其实借壳上市，再转板到更高级的市场，在美国是相对常见的事情，甚至连微软（NASDAQ：MSFT）都曾采用借壳上市的方式，再转板到纳斯达克。作为新兴国家的中国，中小企业在未来中国经济成长中必将扮演非常重要的角色，何不协助这些企业到美国资本市场融资呢？本杰明隐隐约约觉得，赚钱的机会来了！

本杰明·卫开始行动

回到美国之后，本杰明立马行动。1999年，本杰明在美国俄克拉荷马州俄克拉荷马市雷克大厦注册了美国万宝环球资本集团（Benchmark Global Capital Group，简称万宝环球）。同时，本杰明还在旗下成立了万宝证券。本杰明在早期的宣传中，便称万宝环球已经成功为许多成长型中小企业提供投资银行和咨询服务。万宝环球总部位于纽约华尔街100号8层，投资银行设在纽约长岛，北京代表处位于北京CBD(中央商务区)商圈内。其早期

的宣传业务包括专门为中国中小企业,特别是民营及高科技企业提供管理咨询、市场咨询、企业国际化发展战略咨询服务。

其实在本杰明之前,就有零星的几家美国咨询公司到中国寻找业务,但是终究不活跃,没有形成气候。

初来乍到,彼时从事这种业务的公司,万宝环球资本集团基本称得上是第一家。但是,早期的环球资本在中国开展业务,可谓举步维艰,如何在短期内宣传自己,并快速地接触到中小企业,成了白手起家的本杰明的第一要务。本杰明留学前就一直生活在中国,在美国期间也与中国企业家和官员有过接触。他深谙中国地方官员追求政绩的心态,便开始积极地打通与地方政府官员的关系。

从2001年到2002年,万宝环球在中国的活动开始增多,本杰明开始在各种公众场合发表演讲,频繁接受媒体访问,并把自己塑造成一位资深美国证券从业者,一位帮助中小企业在美国上市的专家。2001年3月,万宝环球还与中国民营科技实业家协会搭上关系,拟共同帮助推荐中国中小企业和民营企业在美国纳斯达克市场上市融资,但并没有下文。

刚刚成立的万宝环球如何获得企业家的信任,拿到第一单生意,也让本杰明感到受尽波折。

2001年七八月间,刚刚进入中国一年时间的美国万宝环球资本集团通过电话找到了辽宁西洋集团董事长周福仁,称可以帮西洋农业到美国证券市场去上市融资。西洋农业于1988年建立,彼时还是一家小型乡镇企业,发展到2001年已经拥有资产达24.5亿元,年盈利超过2亿元,员工人数达6000人。董事长周福仁是农民出身,一手将这个乡镇小企业,打造成辽宁远近闻名的大企业。从 1995 年开始,周福仁就想在国内 A 股上市。多次申请上市的经历,让这个对资本市场一窍不通的农民企业家坦言,中国的上市规则太复杂,监管部门对民营企业设置的上市门槛太高。他清晰地记得,1997年辽宁省共有 4 个上市指标,西洋农业尽了一切努力去争取,但仍失之交臂。

2001 年 12 月 4 日,万宝环球在与西洋企业的北京代表经过了 7 小时的谈判之后,终于签订了它在国内的首单生意,运作西洋农业赴美上市的项目,并签订了意向性的《上市工作协议》。虽然上市协议已经签好,周福仁还率领大队人马连同万宝环球的代表在北京特意举行了一场声势浩大的新闻发布会,并正式对外宣布中国最大的复合肥企业即将登陆纽约交易所的消息,但是周福仁最后还是回绝了这单本来已经到手的买卖。周福仁称自己虽然不懂美国资本市场,但万宝环球提出的承销佣金的比例太高,且他听说美国万宝环球资本集团的实力根本不强,担心受骗。

虽然对美国资本市场毫无了解,但精明的生意人周福仁看不到同类企业成功上市的案例,因此对资本市场的掮客们以及借壳上市这种舶来品都保持十足的防备心理。他回忆道,早在 1997 年,一家国内知名咨询公司曾为西洋农业介绍过一家美国的上市壳公司。反复考虑之后,周福仁没有掏钱买下这个公司。事后证明,这家壳公司并不是一家上市公司,而是一家发行过股票但没有上市交易的公司。

他还回忆道,另一家企业为购买某个"壳公司"支付了 30 万美元,结果血本无归,落得一场空。在拒绝与万宝环球的合作之后,周福仁立刻投入法国里昂证券的怀抱。当时的里昂证券投资银行部董事孟怡说,之所以揽到西洋上市这单生意,是因为西洋集团很关心股票发行成本,我们提出的承销佣

金的比例相对较低,企业认为可以接受。不过,由于西洋集团股权结构等一系列问题,上市最后还是作罢。

事实证明,当时周福仁的选择是对的,因为若选择与万宝环球合作,无疑是在冒险。而这也在万宝环球的下一个项目中,得到了佐证。2001 年,周林频谱仪和万宝环球达成协议,万宝环球帮其操作一个克隆牛胚胎的新项目上市。万宝环球遂获得了 200 多万元人民币的顾问费用。但是,后来万宝环球并没有帮助周林频谱仪完成上市的工作,反倒在 2002 年年底,由于在业界口碑太差,万宝环球公司被注销了,周林频谱仪的项目也是无果而终。

2001—2002 年间曾任万宝环球北京办事处总裁的龚茂泉,此前一直就职于大鹏证券国际投行,其在万宝环球从事业务的过程中,亦发现万宝环球在美国的影响力和业务能力,并没有其宣传的那么好。本杰明还以虚假信息诱骗海外投资人为其投资数十万美元。与本杰明反目的龚茂泉,也不敢在公司待下去,对投资者通风报信后马上辞职,之后加入了在借壳上市领域叱咤风云的沃特(中国)财务集团,并担任要职。

注销了万宝环球之后,本杰明并没有闲着。在 2003 年年初,本杰明换汤不换药,成立了纽约国际集团(New York Global Corporation),次年又注册成立了旗下的证券公司——纽约国际证券公司(New York Global Securities Inc.)。同时,在北京注册了办事处,重操旧业,重新开始承办中国企业到美国上市的事务。

纽约国际的宣传与之前的万宝环球如出一辙。它宣称自己成立于 1998年,是美国证监会注册的华尔街综合类证券公司,纳斯达克股市做市商及美国所有股市的一级证券交易代理,总部位于纽约华尔街 14 号,毗邻美国证交所，专业从事中国中小型企业到美国纳斯达克买壳上市业务。

虽然重新换了个壳，周林频谱仪负责人周林还是向国家经济贸易仲裁委员会请求仲裁。虽然明知本杰明此人仍在国内活动，还注册了新的公司来做同样的业务，但仲裁委员会却因找不到仲裁对象而无能为力。

新成立的纽约国际集团，核心人物就是原来万宝环球的原班人马。其中包括本杰明·卫和其姐魏天怡。魏天怡由原来万宝环球北京代表处的法人代表，摇身一变成了纽约国际北京代表处的首席代表。纽约国际北京代表处的负责人换成了潘君诺，也是核心成员。这个公司的中国首席代表经常变化，工作人员几乎半年一换。而之后成立的一些中介机构，也是沿袭了本杰明的操作模式，甚至有的中介机构为了避免被发现造假，做一个项目，换一个名字。

沃特财务集团布局中国

成立于1987年的美国沃特财务集团，是一家致力于协助企业在美国证券市场上市的专业财务顾问公司。自1987年以来，创始人蒂姆·沃特共计参与了100多例融资性反向收购、上市等交易。他所创立和领导的沃特财务集团推出有关企业上市的金融创新模式——融资型反向收购（Alternative Public Offering，简称APO），在美国注册知识产权，这是将IPO与私募的优点相结合，形成介于IPO与私募之间的第三条道路。因为其做了大量借壳上市的项目，并拥有丰富的壳资源，沃特财务集团一直被称为美国"借壳王"。

2003年，蒂姆·沃特将自己的触角深入中国市场，而他的中国合伙人张

志浩是个不得不提的人物。蒂姆·沃特回忆起与张志浩的认识经历时说，2003年年初的时候，一名来自中国的陌生人给他发了封邮件，向他极力推销"中国概念"。起初蒂姆·沃特并没有在意，只看了一下标题就把这份邮件拖入了回收站。过了几天，这个陌生人又发来了一封邮件。他看了个大概，决定搁置处理。没想到，张志浩锲而不舍，再次向他发出邮件，信中一再提及的"中国概念"让沃特有点心动。但是中国对于他来说，是一个完全陌生的市场。他对这位陌生人回邮件说，除非找到一家实际的公司，有切实可行的交易，否则就别再来找他。

蒂姆·沃特坦言，当时就是在找由头拒绝他罢了，但是没有想到张志浩会这么坚持。而张志浩，现在成了蒂姆·沃特最重要的合伙人，任沃特财务中国CEO。蒂姆·沃特说当时他给张志浩提出了很多苛刻的条件，但是最终张志浩还是找到了合适的合作企业，也就是沃特在中国的第一单生意：运作中国汽车系统公司赴美上市。

在沃特财务集团的牵线下，这家位于湖北省、专门为中国主要的汽车制造商生产动力操控系统的中国汽车系统公司在美国OTCCBB市场完成了与美国Visions In Glass公司的反向收购。后者定向向中国汽车系统公司几个股东发行2100万股股票，以换取这些股东持有的中国汽车系统的全部股份。而中国汽车系统通过这种方式将全部资产注入壳公司，其原有股东则持有Vision In Glass公司2100万股股份，占比95％。

2004年8月24日，中国汽车系统(CAAS)宣布，美国纳斯达克市场已经批准该公司普通股由美国柜台交易市场(OTCBB)转向纳斯达克小盘股市场上市。这使该公司成为首家通过借壳上市，从OTCBB升至纳斯达克小资本市场的中国企业，也是湖北省企业中第一家在美国纳斯达克上市的公司。

第一个案例的成功，让蒂姆·沃特坚定信心，决心将业务移植到中国。而熟悉中国市场的张志浩，则成了蒂姆·沃特最佳的生意伙伴。与新兴中介机构不一样的是，沃特财团颇有背景，它是多个投资基金的合作伙伴，其中包括在纽交所群岛交易所上市的交易型开放式指数基金——Power Shares金龙沃特USX中国指数基金（PGJ）和沃特环球机会基金（私人股本对冲基金）。沃特先生还是USX沃特中国指数的创始人兼联席董事总经理，并且担任在纳斯达克上市的DXP Enterprises公司的董事会成员。这样的背景，让沃特在中国开展起业务来，更加有说服力和约束力。

在操作中国汽车系统之后，沃特集团还陆续操作了天狮国际、四方国际、深圳比克电池等企业赴美上市。当然沃特集团也有过一些失败和被质疑的案子，比如沃特集团所经手的万得汽车和山东昱合就在之后的做空中概股的浪潮中，受到财务造假的质疑。

一名经历过中概股借壳上市这段历史的律师向笔者坦言，其实，只要能找到项目，如何将企业运作到OTCBB挂牌是一件很程式化的事情，所以当时沃特财务集团的很多员工，在熟悉整个流程之后，都自己出来单干了。

2003年"非典"之后，中国经济开始复苏，但国内银行继续缩紧银根，而在1999年到2004年期间，中国企业赴美IPO的热情空前高涨。2004年的一单业务——陕西博迪森，彻底让本杰明和其创建的纽约国际集团在中国资本圈出尽风头，而其与沃特集团的冲突也成为当时舆论的焦点。

乱象出现

2003 年 4 月 7 日,中国西安,陕西技术产权交易所。

当陕西杨凌农业高新技术产业示范区管委会副主任陈俊女士敲响一面金锣之后,会场 100 多名中小企业代表们,除了热烈的掌声外,更多的是定格为羡慕与向往的表情。毕竟,不出意外的话,杨凌博迪森生物科技发展股份有限公司与美国沃特财务集团签署的这份《关于在美国纳斯达克上市的协议》,将使陕西农化行业的黑马"博迪森"有望于几月后,正式登陆美国创业板"纳斯达克",从而成为中国西部地区首家在美国挂牌的民营高科技企业。

彼时的杨凌博迪森生物科技发展股份有限公司,是国家杨凌农业高新技术产业示范区的涉农企业之一。是时,这家公司的拳头产品,占据了国内半壁江山,部分产品还通过广西南宁的经销商销往越南,在全国的十几个省市建立了 500 多个营销网点。其财务指标也不错,总资产已经由 2000 年的110 万元人民币扩张到 2003 年的 5000 多万元,2002 年实现销售收入 4000多万元。

沃特集团退出项目

这是沃特集团的早期项目,张志浩异常兴奋。与博迪森的结识,始于陕西技术产权交易所的介绍。成立于 2001 年 4 月的陕西技术产权交易所,其初衷便是解决未上市中小企业的技术产权转让问题,也就是风险投资的退出。但随着陕西省政府新的要求，交易所很大一部分的工作，转向了为中小企业寻找新的投资来源。这样一来，便吸引了很多企业前来挂牌交易，杨凌博迪森便是其中一家。而刚进入中国的沃特集团，也正处在寻找项目的阶段，于是在陕西技术产权交易所的撮合下与博迪森一拍即合。

对于借壳上市这个新的命题，张志浩解释说，在美国壳公司有两种类型：一种是"非公告、非交易"，即零资产、零负债、无诉讼的"净壳"，另一种则是"公告、交易中"，即表示还有相关财务手续没有结束。但无论是哪一种，沃特集团都会在适当时机出手，以保证"随时掌握3个壳资源"，而这一点，正是急需融资的博迪森最看重的。

张志浩举例介绍，以 A 公司为例，1993 年完成 IPO 后，由于经营失败，于 1995 年退出市场，并向美国证券管理机构美国证券交易委员会（Securities and Exchange Commission，简称 SEC）提出破产申请，经过资产清算后，可成为零资产、零负债的壳公司，然后被摘牌。但就在 A 公司进行资产清算时，沃特集团携资杀入，顺利控股，既可清偿债务，将壳公司洗为"净壳"，也可以保留交易，向管理机构定期申报。这便是"随时保有3个壳公司"的来源。而一旦完成这个过程，则标志着借壳过程顺利完成。

除了能提供壳资源之外，张志浩向对方承诺，在融资环节，沃特集团也将为客户积极寻找私募。原因是，在融资环节，借壳上市的企业一开始很难在公募市场上获得追捧，私募资本就是最初的资本来源。为了完成这一任务，沃特集团会花费大量人力和时间向美国的投资者进行说明，到美国为博迪森进行项目路演，以让投资者对博迪森项目有更深入的了解，从而提高博迪森的股票价格。

而在融资环节的事情解决之后,博迪森还可利用上市后的股票,进行低成本的兼并与收购。而此单交易若成功,沃特集团除了收取几十万美元的服务费用之外,还会在壳公司中保留3%～12%的股权,只要新公司经营良好,沃特自然也会获得长期收益。后来随着中介机构的增多,为增强竞争力,沃特集团开始免收服务费。

张志浩坦言,只要博迪森通过了国际会计准则的审计,最晚在2003年年底,博迪森就能实现在纳斯达克挂牌的目标。作为第一家与博迪森签订上市协议的沃特集团,张志浩称其也非常谨慎。虽然有政府作为平台,但是张志浩和其团队一起,对博迪森项目仍进行了多次尽职调查。遗憾的是,在尽职调查中,发现博迪森存在很多财务问题。其中有关实际持股人数、确权等工作在短时间内无法完成,因为博迪森的股权已经在一些柜台市场被交易了很多次,很多股东都找不到人了,这样盲目上市风险很大。博迪森没有通过沃特财务集团的审计。虽然这是其在中国的第一单生意并且双方接触了很久,但为了避免后患,张志浩还是毅然解除了与博迪森的协议。不过,参与了该项目的一名律师坦言,是博迪森的高管们对沃特集团的运作能力产生怀疑并发生矛盾,才决定解除协议的。

而这单案子,最后还是被本杰明接下了。本杰明提出以19名股东代表所有股东,这样可以让博迪森在短时间内实现上市,当然纽约国际集团这种隐瞒大量自然人股东存在的事实,也为日后的案子埋下隐患。而这,作为熟知美国资本市场的本杰明来说,是其已知的风险。

之后,在纽约国际的帮助下,2004年3月1日,博迪森在美国场外交易市场挂牌;2004年7月5日,在德国法兰克福股票交易所挂牌;2005年9月

29 日，从美国 OTCBB 升板至全美证券交易所；2006 年 2 月 6 日，在英国伦敦交易所市场挂牌。至此，博迪森海外融资总额累计达到 3036 万美元，从而成为中国第一家实现海外三地同时上市的民营农化企业。博迪森更是连续两年被《福布斯》杂志评为中国最有成长性的中小企业前百强。

本杰明对博迪森项目的成功包装，虽然早期让博迪森在资本市场出尽风头，但在美国这样一个成熟透明的资本市场，纸永远是包不住火的。一开始，博迪森在美国大受投资人的青睐，股价一度飙升至 20 美元。随着其股价节节攀升，其境内诸多股东们作出对公司股价不利的套现行动。因为在纽约国际的包装下，博迪森上市时股东名单里只有包括前任董事长王琼在内的 19 名自然人，和内地不少在美国市场挂牌的企业一样，没有公开披露境内还存在大量"隐身"的自然人股东的内幕。而过于频繁的套现行为将这一事实暴露了出来。

博迪森终于出事了！而本杰明在博迪森项目中的非透明盈利，也让博迪森这群不懂美国资本市场的高管们大呼被忽悠，感到愤怒不已。

2006 年 11 月 15 日，一位名叫斯蒂芬妮·塔博尔(Stephanie Tabor)的博迪森境外投资者向纽约南部地区法院提起诉讼，把公司当时的董事长王琼、总裁陈波以及其上市顾问纽约国际及总裁本杰明告上法庭，罪名是证券欺诈。

全美证券交易所通知博迪森，由于存在若干应披露而未披露的信息，公司已经不符合在该交易所挂牌的规定——这些被要求披露的信息包括：博

迪森和纽约国际服务费用支付问题;博迪森境内大量实际持股人问题等。博迪森这些并没有在招股书和其财报中透露的信息,让全美证券交易所怀疑博迪森涉嫌上市公司财务操控,并认为公司有关财务数据有误导投资人的嫌疑。

2006 年 11 月,全美证券交易所对博迪森发布退市预警。但是通过极力配合全美证券交易所的调查,并提交具体整改方案,承诺加强信息披露和内部控制机制,博迪森暂时延缓了危机。2006 年 11 月末,全美证券交易所公告保留博迪森挂牌资格,但称最后决定要视博迪森提交的 2006 年年报而定。2007 年 3 月 22 日,全美证券交易所公告称,由于 3 月 20 日博迪森向 SEC 递交的 8－K 文件中表示无法如期递交年报,博迪森被摘牌。

博迪森执行总裁王春生坦言,中国民营企业很少有真正懂得资本操作的,博迪森已经为此付出了代价。他回忆道,在博迪森上市的过程中,接触到的中介机构有沃特集团和纽约国际两家。当初在实际持股人数、确权等工作短时间内无法完成的情况下,沃特退出了博迪森项目,而纽约国际提出以 19 名股东代表所有股东的方法,让博迪森在短时间内实现上市。于是,王春生将公司所有上市相关事宜,及上市后的信息披露都交给纽约国际全权负责。包括上市及上市后涉及的律师事务所、会计师事务所、券商等,博迪森都没有直接接触过。王春生也只是在全美证券交易所公告之后才知道,原来纽约国际还是博迪森的上市投行。由于对资本市场的一无所知,博迪森的高管们在上市初期并不知道作为一家上市公司,所有消息都需要向投资者汇报,否则就有证券欺诈的嫌疑。

2005 年 9 月,博迪森高管团队赴美,对本杰明过分信任的高管团队发现了很多他们不知道的问题。当初，博迪森与纽约国际签订的合同里规定，博迪森为上市支付筹资额的 13％给纽约国际作为中介服务费用，而这笔股权的开销，外界普遍认为过高，当时纽约国际中国区总裁李明解释，这笔钱不仅包括博迪森支付给纽约国际的钱，还包括通过纽约国际支付给其他中介机构，如律师、会计师的费用。但在实现在英国伦敦交易所市场上市后，作为券商的 Charley Stanley Security 又从博迪森的筹资额中直接扣除了佣金，这就是 SEC 提到的双重费用问题。

2006 年 4 月，博迪森和纽约国际解除合约。对于博迪森上市过程中有意隐瞒了大量自然人股东存在的事实，纽约国际声称并不知晓，只是表示 2005 年当这些股东慢慢浮出水面时，它一直努力帮助解决这个问题。

本杰明的这笔单子，让其至少赚了上亿元人民币，但是其虚假包装以及收取大量股权，得罪的除了博迪森以外，还有沃特财务集团。由于沃特集团的副总裁龚茂泉与纽约国际集团高层之间存在嫌隙，博迪森转板成功竟促使纽约国际在媒体上对沃特财务进行口诛笔伐。

但本杰明毕竟是做成了博迪森三地上市的生意，也让他在资本市场上出尽风头。2004 年，本杰明和中国人民银行金融研究所签订企业海外融资研发协议；2005 年赞助了某市市长论坛；2006 年分别被某大学聘请为客座教授。他俨然已经成为各大二三线城市政府的座上宾，而这些对许多国内中小企业来说相当具有诱惑力。

泰富电气大呼被骗

2005 年，同样在纽约国际帮助下，在开篇中提到的哈尔滨泰富电气成功

登陆OTCBB,使得2005年该公司总裁杨天夫以5.2亿元财产名列福布斯富豪榜第361位。2007年1月31日,该公司转板纳斯达克,以每股12.3美元开盘。但杨天夫显然认为自己在这笔交易中很不合算,因为他付给了本杰明过高的酬劳。杨天夫和纽约国际签署上市服务协议后,在合作过程中发现种种问题,遂在上市后立刻解除了与纽约国际集团的合作关系,杨声明现在他们和纽约国际没有任何关系。

之后,泰富电气雇请有20多年从业经验的美国专业律师事务所负责其在美国上市的相关业务,更聘请律师调查纽约国际在上市过程中的违法行为。杨称查出纽约国际在上市过程中,拿走公司300万股股票。本杰明声称是用于同壳公司的股权交易,付律师费、财务费用以及其他上市费用。但在美国证券交易委员会的记录中,泰富电气查到,一家名为Tierretont Investments Limited 的公司大量持有其股票,而这家公司的注册地址就在北京朝阳区和乔大厦 A—505 室,也就是当时纽约国际北京代表处的办公地址。

在2005年10月17日,该公司卖出最后一批70万股股票,此时股价为5美元,成功退市。

在整个上市过程中,泰富电气一次性付给纽约国际95万美元服务费用(这是纽约国际声称的资产1亿元以下公司通行的收费标准),后来纽约国际前前后后共索要"信息服务费"约20万美元。而在美国OTCBB市场上买一个壳的费用仅仅为20万~30万美元,加上其他费用最多不过50万美元。如果能证明美国纽约国际拿走300万股股票,以股价5美元计算,价值1500万美元。

如果泰富电气没有及时退出的话，按照它签的两年上市后的服务协议，恐怕还会付出更多的服务费用。已经完全不信任中介公司的泰富电气，后来直接和海外基金公司谈融资，实现了80万美元融资，而成本仅仅是3万多美元律师费。

一名当事律师回忆，类似利用信息不对等所使用的欺骗手法还有很多种。2012年，一家山东的公司联系该名律师，它也是被一家财务顾问骗到加拿大买壳上市，但是并没有融到资，最后客户自己想办法运作融资3.5亿元，但是回过头还要给借壳的财务顾问8000万元人民币。因为壳的问题，财务顾问确实占有股份，只要公司业绩发展良好，融到钱之后，即使财务顾问并没有提供帮助，公司仍然要付给财务顾问一大笔钱。律师疑问，难道当时没有签订协议，如上市没有成功，那么这些股份是不能够给财务顾问的吗？但是他们表示，签订协议的时候，根本不懂这些东西。

纽约国际集团在所经营的大多数项目中，都利用企业高层们对证券市场的不了解，进行一些非法的操作。本杰明声称自己邀请的都是非常专业的律师事务所和会计师事务所等机构，但是实际上都是一些名不见经传的小律所和会计师事务所。它们相互合作，粉饰企业财报，以实现短期内让企业上市融资的目的。而在之后的过程中，与博迪森一样，泰富电气也受到做空机构的质疑，于2010年正式私有化退出美国资本市场。

2005年之后，类似于纽约国际集团和沃特财务集团的中介机构，陆续出现，借壳上市之风也越刮越猛。之后在这股风潮中一些中介金融机构也陆续成立，如香港布雷斯集团、美国万通财务集团、中美桥梁资本等这些看似打着大旗号的企业开始活跃，并相互争抢项目。

一位美国证券业人士回忆,当时有约几十家机构在中国充当买壳中介,绝大部分机构只有几个员工,没有固定办公室,做这单的时候用 A 公司的名义,做完后又用 B 公司的名义去跟另一家中国公司签协议,多是"游击战",打一枪换一个地方。运营模式与本杰明·卫如出一辙。

与纽约国际集团的本杰明一样,掮客们往往以海外投资公司或背景不凡的美籍华人的身份,成为地市级政府官员的座上宾。他们在中国的最大任务就是千方百计寻找项目,说服企业赴美上市。他们摸准了地方官员追求政绩标杆的心态,在后者的推荐或陪同下,走访、物色当地企业,甚至能当场就签下《赴美上市意向书》。

在二三线城市,挖掘中小企业,是掮客们在中国的主要活动。纽约国际集团的中国区总裁就坦言,短短的两三年,自己在中国各地几乎走访了上千家企业。二三线城市的企业家和政府,对资本运作并不了解。而在上市公司数量作为地方官员政绩考核的压力下,他们极容易被起着大名字的中介机构们忽悠。做成上市项目之后,这些中介机构在自己网站上,喜欢炫耀性地张贴与各地要员座谈的合影,并罗列全国各地的"成功案例",还不忘附上当地发来的贺电,以提高可信度,拉近与当地政府部门的关系。

一时之间,众多掮客成立各种买壳中介来中国掘金。作为道琼斯旗下的一份杂志《巴伦周刊》就举出了几位重量级掮客,其中就包括徐杰和魏天兵。魏天兵即之前所提到的纽约国际集团的创始人本杰明·卫,他号称在这轮中国企业赴美借壳上市的过程中,做了近 15％的案子。而大有前科的徐杰,则是一个不折不扣的行骗高手。

东山再起的徐杰

2005 年,徐杰创办了中美桥梁资本有限公司。其官方网站显示,中美桥梁资本是一家总部位于美国纽约,从事直接投资及投资银行业务的国际性金融机构。公司专营大型私营企业的战略投资、融资型反向收购上市(FTO)、反向收购上市(RTO)、初次公开上市(IPO)及并购业务(M&A)。虽然公司宣传了业务的多元化,但是主要业务就是帮助中国公司到海外反向收购。

徐杰声称,中美桥梁资本 2005 年进入大中华区,在上海陆家嘴的花旗集团大厦拥有办公室,已经完成多家国内企业的海外上市,并且协助企业完成首次融资。但是,他并没有向外界披露位于美国纽约洛克菲勒中心总部的联系方式和地址,且在事发后,内部员工坦承公司注册地在维京群岛,在海外并没有总部和员工。

据了解,为了配合公司的业务,徐杰并不仅仅只是注册了中美桥梁资本一家公司,同时还注册成立了位于上海的中美风险投资有限公司(下称中美风险投资)和位于深圳的钜富资产管理有限公司(前身为深圳华银投资担保公司,下称深圳钜富资产),且这三家公司同属于中美资本控股集团。

徐杰在其官方网站上宣称,其公司拥有强大的国际资本与丰富的投资银行经验。公司作为战略投资者对目标企业进行上市前的私募,并且协助企业登陆境外资本市场。操作过程中,公司会承担上市前所有风险,并对上市结果进行允诺。他还介绍,该公司自创办 6 年来累计投资 13 亿美元,参股控股了近 30 家有良好发展前景的优质中国中小企业,在美国纳斯达克和纽

交所上市并取得了骄人的业绩,公司 2011 年度的销售额达到 5000 万美元,税后利润达 750 万美元,追加投资后年销售收入和净利润增长在 15％以上。

而就是这位号称在中美资本市场上游刃有余,并帮助过诸多中小企业上市的徐杰,其实早有犯罪前科。

据了解,徐杰在美国化名"Kit Tsui",20 世纪 90 年代末曾是深圳无绳电话巨头"万德莱"的掌门人,后来却因高达 6 亿元的负债案发而"失踪",后徐杰"前往"美国。2003 年,看到中国企业赴美上市契机之后的徐杰,也开始加入买壳上市的大潮。同年,他买下壳公司 INDI,并通过维京群岛成立的离岸公司,操作美国股市中的壳买卖。徐杰的团队先后通过中美风险投资、中美桥梁资本、深圳钜富资产,为急于赴美上市的中国企业炮制沃特集团的做法,帮助企业买壳、伪造财务数据、运作上市。

2005 年到 2009 年,是徐杰生意最好的时候。在徐杰上海所在的豪华办公场所,员工一度多达几十个人,甚至还有经济学博士。中美桥梁资本在向客户提供的协议中,一般会表明"负责整体策划和运作并负责担保,保证合作企业通过反向收购在美国纳斯达克、OTCBB 市场上市,在企业达标后即负责向主板市场进行转板的操作"。中美桥梁资本还承诺"融资参股、保证上市,并提供所有金融服务和资金投入,承担在上市过程中产生的所有费用",条件是企业上市后将一定的股份作为报酬"支付"给中美桥梁资本。

简而言之,就是中美桥梁资本花钱到 OTCBB 市场买壳,将企业反向收购上市,然后在国内并购同行,拉高业绩,做大上市公司。由于在 OTCBB 上市的企业,没法再融资,做市商只能维护市值,不让股价掉下来,同时吸引其他机构入场。中美桥梁资本再在国内或国外大手笔资本运作,让企业进行大量的收购动作，引起美国投资机构的注意，拉高股价，做好年报的财务数据，接下来就可以申请到纳斯达克或者纽交所转板。中美桥梁资本就可以转手自己的股份，成功套现。这些做法，在当时的中介机构中都非常普遍。但是中介公司这种前期大量垫钱的操作方式，势必存在风险。据了解，一些中介机构由于前期垫付的钱太多，而项目没有成功，纷纷以破产收场。

虽然承诺免费上市，但是上市后获得大量股权的方式，使得中美桥梁资本在每次项目中都收获颇丰。据了解，中美桥梁资本对所运作的港湾资源，因其上市包装费用和用于增发、承销中给相关机构的"活动"费用，向港湾资本收取 30％的股权。一些对美国资本市场毫无概念的中国企业主，就是这样成为徐杰们的发财良机的。

徐杰创办的两家公司中，中美桥梁资本和中美战略资本，一共运作了 9家中国企业以借壳上市的方式成功在美上市或挂牌。其中运作的旅程天下、东方纸业（AMEX：ONP）、海湾集团以及新能源系统都受到了做空机构的质疑。

2010 年年底，徐杰因帮助东方纸业、旅程天下等中国公司赴美上市的"反向收购"中涉嫌会计违规和审计不严，受到美国证券交易委员会的调查。

美国华纳国际集团也是一家在后期资本运作方面宣传工作做得非常厉害的企业。时代华纳国际集团号称成立于 1992 年，并声称已成功运作 15 家中国民营企业到美国上市，直到中概股危机全面爆发的 2010 年，其仍然对外宣称还有近十家企业正在运作中。

华纳国际同样是由华人创办，它声称"免费"上市、"免费"融资，只要企

业的年利润在 800 万元以上,操作费用全部或大部分由华纳国际筹集,而"免费"的含义,也是以部分公司股票充当华纳代为筹集的操作费用。

可以查证的是,华纳国际在早期做的几个项目中,河北奥星、四川阿波罗、陕西汉广厦、南充春飞纳米晶硅、通辽亿利、吉林亿丰石油、美国东方生物技术有限公司、哈尔滨中强能源、哈尔滨泰富电机等大多都遭到了做空机构的空袭。

之后陆续出现的,如美国世界银行联合投资集团、美国万通投资集团等,它们也都打着同样的旗号,用同样的方式在中国开展工作。

券商也疯狂

在中介机构找到要合作的上市公司之后,接下来财务顾问便要开始优化公司的财务数据。

当财务顾问找到上市标的之后,他们大多希望自己能够承揽在上市中的大多数业务,比如扮演券商和私募的角色。一些要求更高的服务,比如律师和会计师,他们也会邀请熟悉的、私下关系好的机构来一起合作。

但是,很多情况下,"肥水不流外人田",他们也会自己注册一家小型的券商来自己运作。纽约国际集团在做财务中介的同时,就注册了纽约国际证券公司来提供证券服务。沃特财务集团也成立了私募股权基金、沃特产业基金和沃特证券等公司来提供相关服务。但是,对于大部分的资本掮客来说,他们没有这样的实力来进行担任投行的工作,所以基本上都要将服务外包出去。在这方面,有两家公司是不得不提的。

第一家是美国罗仕证券有限公司,它是一家位于美国加州纽波特比奇的投资银行。在其官方网站上，写着从 2003 年到 2010 年年末，罗仕证券共完成了 78 笔交易，为在美国上市的中国企业融资超过 31 亿美元。罗仕证券成立于 1984 年，是首批关注中国中小市值企业在美国市场融资的投资银行。2007 年在上海成立代表处，目前的负责人为有海归背景的马骏。

一流的律所、会计师事务所审计的项目，会吸引到一流的投资者，末流的律所等当然只能吸引到小型的投资机构。中国公司反向并购上市的最末一环是私人股权投资已上市公司股份（Private Investment in Public Equity，简称 PIPE），即要求拟上市公司在反向并购的同时安排向私募基金融资。这是反向并购上市第一次获取资金的机会。

罗仕证券宣称能够为较早期的、通常无法进入证券市场的公司成功执行首次公开发行。这种独特的融资方式，即私募公投的 PIPE 模式。但私募基金在投资的同时，往往深埋一些特殊协议，通过这些协议私募基金可能获得指派财务官、审计师等权力。罗仕证券的一些项目也在做空潮中被空袭，如双金生物等。

罗仕证券的竞争对手，罗德曼投资银行（Rodman& Renshaw）也是此中佼佼者。其在中国的相关负责人经常出现在中关村总裁聚会等场合，为企业经营者们讲解赴美上市事宜。同时也会利用自己超强的组织能力，在中国做很多类似的宴请和会议，向投资人和中国的中小企业业主推销自己的业务。按照每年完成的 PIPE 和登记直接发行融资交易总量看，2005 年以来罗德曼投资银行一直名列第一。在罗仕证券和罗德曼投资银行承接的几乎所有中国公司中，均安排了类似的 PIPE 融资。

不过对于异常活跃的投资机构罗德曼投资银行（目前已经注销），因为

其在做中国企业上市业务的时候,极少做尽职调查,并还主动让公司进行财务造假,帮助中国企业达到美国上市的目的,被外界认为是一个搅乱市场的推手。罗德曼经常用的一个手法是与即将上市的公司签署相应的协议。沃特中国的张志浩曾经向笔者举例道,若一个公司要将上市股价定为5元,只要先对融资的股票进行登记,便可以立刻交易,但是罗德曼经常会跟公司签署相应的协议,签好之后,就开始从5元做空。罗德曼用10元钱的价格卖给投资人,再买投资人登记的股票来平仓,这完全成了二级市场的套利交易。外界认为罗德曼的这种做法已经污染了整个市场。

值得一提的是,一些中介机构或者是券商,为了吸引人气、拉高可信度,经常会举行一些大型的年会活动,并邀请美国总统级别的名人政要出席演讲,吸引中国的中小企业家。

2010年在上海,沃特财务集团就举行了一场重量级的沃特金融峰会,分别请到前美国总统小布什、美国前财长约翰·斯诺等人出席。2011年,在广州,沃特财务集团又邀请到前美国总统吉米·卡特、英国前首相戈登·布朗出席。这样的活动每次都能为它吸引上百家中国公司,也能吸引大批国际投资者。通常情况下,此类活动都会为举办方拉来很高的人气,而业务也会增加很多。

而据了解,请总统级别的人员赴华演讲,其实也没有想象中那么难。沃特财务集团一名人员介绍,请一名总统级别的人物,花销大概在40万~50万美元之间。邀请方先与前总统的工作团队进行沟通,前总统的工作团队会考核邀请方的资质,只要不是名声有问题,大多都能够安排。

在当时的环境下,除了一些名气较小的中介机构、律所、会计师事务所和券商参与了助涨中概股借壳上市的风潮之外，一些非常有名的机构如中信信托、德勤、普华永道、中伦律所、摩根斯坦利、美林证券甚至软银赛富基金都曾参与其中。

局面失控

骗得多了，大家都知道去美国上市融资并不是那么美好的事情了，这些公司当然就做不下去了——一位曾为中美风险投资集团工作过的员工向媒体坦言。

据不完全统计，2000 年以来，总共有近 350 家中国企业以借壳上市的方式登陆 OTCBB。反向并购的上市融资规模很少超过 1 亿美元，但这么多家公司加起来的规模就很可观。近年来，已有 350 多家中国企业利用这种方式在美上市，总市值最高时超过 500 亿美元。但是对于当时火热的借壳上市风潮项目，转板成功的案例其实并不多，顶多 20％的企业能够做到。而大多数没有实现转板的企业，除了每年要上交不菲的上市费用外，还要披露财报，但是这些企业基本上只是赢得了一个上市的称号，根本不能融资。这也让当初抱着很大上市融资梦想的中小企业非常不满。转板的确有可能，但通常能满足转板条件的企业并不多，中国很多民营企业家根本不懂美国资本市场的运行规则，往往英文也不好，上当受骗已然是一件很正常的事情。而且一些中介机构这种打一枪换一个公司名的做法，以及对转板事情丝毫不负责任的做法，也让一些企业家十分反感。

并不华丽的中概股

根据 i 美股的数据统计,截至 2013 年 5 月 1 日,在美挂牌上市的中概股公司共有 178 家(不包含已退市的)。中国公司赴美上市开始于 1992 年,2007 年和 2010 年分别是中国企业赴美上市的公司数量较多的年份。2010年,中国公司赴美上市再次走向高潮。

值得一提的是,2010 年中国赴美上市公司行业分布集中在科技、媒体及通讯,总数达 14 家。此外,能源行业的企业也一直受到美国资本市场的追捧。

中国公司赴美上市的热潮逐渐从起初的机械制造等基础行业向高科技领域与消费品行业转向。此外,215 家中概股公司上市地点的分布情况为:纳斯达克 139 家,纽约证券交易所 64 家,美国证券交易所 12 家。

按照行业来为中概股划分:

(一)能源行业。中国赴美上市公司共有 25 家,其中新能源有 17 家、传统能源有 6 家、能源与服务设备有 2 家。

(二)原材料行业。中国赴美上市公司共有 26 家,其中化学制品有 8 家,金属与采矿有 13 家,建筑材料有 3 家,纸业与包装有 2 家。

(三)工业行业。中国赴美上市公司共有 14 家,其中制造业有 7 家,商业与服务有 4 家,运输有 3 家。

(四)中国日常消费品行业共有 14 家,其中中国日消品零售有 3 家,中国食品、饮料与烟草有 11 家。

(五)中国非日常消费品行业共有 29 家,其中中国媒体有 7 家,教育培训有9家,汽车与汽车零部件有5家(拟上市的有神州租车),中国耐用消费品与服装4家,酒店餐饮有4家。

(六)中国医疗保健行业共有26家,其中中国医疗保健设备与服务有7家,中国制药、生物科技和生命科学有19家。

(七)中国金融房地产行业共有8家,金融有2家,房地产有6家。

(八)中国信息技术行业共有71家,其中中国互联网信息技术有1家,互联网软件服务有6家,互联网信息服务有15家,电子商务有7家,软件与服务有16家,中国硬件、半导体与设备有17家,网络游戏9家。

中概股行业分布百分比,如图1-1所示。

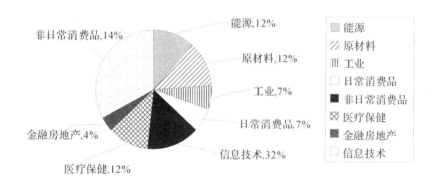

图1-1 中概股公司行业分布

按照市值来为中概股划分:

以上市公司市值大于50亿元称为大盘股,10亿元~50亿元之间为中盘股,小于10亿元称为小盘股的方法统计,截至2013年5月1日,在这178家中概股公司中,据不完全统计,大盘股有3家,中盘股有17家,小盘股有196家。大盘股为百度、网易和奇虎,这17家中盘股分别为新东方、新浪、携程、

深圳迈瑞、分众传媒（NASQAQ：FMCN）、优酷、盛大、人人等,如图 1-2 所示。

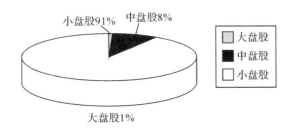

图 1-2　中概股公司市值分布情况

由于反向收购可以让拟上市的公司规避进行首次公开募股所需接受的监管审查,据统计,中概股 80％采用反向收购的方式(RTO,即买壳上市)初入美国资本市场。这些公司股票盘子少,也不受到投资者的关注,成交亦非常不活跃。

总体而言,一些表面风光、号称在美国上市的中国公司,千辛万苦通过各种中介的帮助来到美国之后,其实绝大多数表现得并不出众,或者可以说是基本上没有受到关注。而正是这些中概股,在 2011 年,遭遇了一场史无前例的做空潮。当潮水退去,有 40 家中国公司从美国三大市场退市,约占中国概念股总数的 1/10。

转板困难

企业去美国借壳的需求,常常是由中介机构发掘出来的。每一宗反向收购的背后都有财务顾问,中介的主要工作就是寻找合适的标的,游说企业到美国做反向收购。不少企业借壳到 OTCBB 之后发现融不了资、转不了板，不上不下十分尴尬。

此时，敦促企业做大并实现转板就成了中介的新工作。反向收购的企业很少位于经济发达地区，以二三线城市为多。这些案例在地域分布上，江西有一些，江苏有一些，比较多的是东北和西北。部分公司在借壳时就已开始造假。

转板成功的案例其实并不多，顶多20%的企业能够做到。这些中介通常在发展业务的过程中，会告诉企业借壳上市成本很低、速度很快，但是基本上不会提及在OTCBB挂牌的企业，其实是不能融资，且不会被投资机构重视，所以基本上是没有交易的。从OTCBB上转板到更高一级市场的可能性确实有，但是通常能满足条件的中国企业，少之又少。但是不谙美国资本市场规则的企业，对中介机构过分地信任，往往上当受骗。如何想方设法将企业转板成功，中介机构也有最原始的动力——其持有的股份也急于套现。所以，挂牌之后，中介机构也会想尽办法帮企业进行资本运作，使其转板成功。

以中美风投标榜最为成功的案例旅程天下（NYSE：UTA）转板过程为例。旅程天下自称是一家旅游服务提供商，核心业务包括旅游度假服务和机票酒店预订服务。2006年7月通过借壳挂牌OTCBB；2007年以来火速收购了深圳迅速龙、西安金网、上海蓝豹和佛山海外旅行社等公司；2009年10月，成功登陆纽交所。

从到OTCBB挂牌，到实现转板，旅程天下的销售收入从2006年的1001万美元，飙升到2007年的4429万美元，再到2008年的7676万美元；其净利润从2006年的256万美元，飙升到2007年的870万美元，再到2008年的

1543万美元。如果旅程天下的年报值得信赖,谁能说这不是一匹诱人的中国黑马?

而根据当时其统计数据显示,旅程天下的机构股东共持有旅程天下22.21%的股份,其中不乏相当知名的投资机构,如马丁·可利(Martin Currie Investment Management Ltd)、罗奇代尔(Rochdale Investment Management LLC)、施罗德、贝莱德、高盛等均在其中。

上市后的旅程天下依靠对传统旅行社、酒店、机票、货运代理的迅速收购,以及其研发的号称是全球第一台商旅服务自助终端机——"蝶易行",一度成为OTCBB市场的宠儿,这促使它在2009年转板至纽约证券交易所上市,并于2009年10月27日在纽约证交所正式挂牌交易。

转板后不久,旅程天下宣布了三个收购,当年销售收入达到9790万美元,比去年增长48.7%,净利润1130万美元。随后,公司又火速宣布收购四家公司,收购金额总计1950万美元。2010年6月,在飞利凯睿和罗德曼投资银行的协助下,该公司做了一次增发,募资2000万美元。而此时,中美风投标榜也迅速卖出股权,获利不菲。据悉,旅程天下2009年的市值曾经一度超过了艺龙网,其2010年一、二季度的增长甚至超过了携程。

如何辨别这些收购和业绩的真伪,美国投资者一时无所适从。然而,旅程天下神秘的业绩暴增,并没有逃过嗅觉灵敏的基金经理的眼睛。2010年,澳大利亚勃朗特资本公司基金经理约翰·汉普顿(John Hempton)对旅程天下2009年的业绩提出质疑。称其在报表中可以看到机票预订业务的经营成本为270万美元,这包含了在中国7个地区的24个独立办公机构、超过50个城市的送递业务和在全球范围内聘请IT工程团队的花销。

汉普顿指出，IT 和客户管理专家团队看上去十分廉价。其核心业务机票订购业务的网站维护成本仅 4.4 万美元，而另一高收入业务酒店预订业务的网络维护成本则根本没有提及。另外，该公司每年在电话费用上的支出为 7.5 万美元，在拥有超过 300 名客服代表工作的情况下，恐怕该公司使用的是世界上最便宜的电话线路。

汉普顿还对旅程天下酒店的预订引擎进行了操作尝试，发现大部分罗列的城市没有酒店库存，而部分酒店"预订"按钮不能用。2012 年 2 月，旅程天下 2011 年 9 月才刚上任的两名董事相继辞职。而在此之前，格劳克斯研究所(Glaucus Research Group)发布的一份分析报告称，该公司夸大了公司收入、现金余额和净利润。比如，旅程天下 2010 年前三季度的广告预算仅 25 万美元，净利润却高达 1.1 亿美元，而它的竞争对手在市场营销方面比旅程天下多支出了 5～10 倍。

2011 年 4 月 13 日，旅程天下被纽交所停牌。2012 年 4 月 17 日，旅程天下发布公告宣布自愿从纽交所退市，并将于 2012 年 4 月 26 日提交退市文件。旅程天下如此拙劣和不堪一击的造假行为，让众多中概股也被迫背上了造假的骂名。企业的自愿造假和中介机构的推波助澜都是中概股在美国资本市场遭到做空者集体围猎的原因。

美国的投资者，在绝大部分情况下，对远在中国的中概股业务主体造假行为，是很难去亲自调查的。美国智治基金创始人埃里克·杰克森(Eric Jackson)认为，美国投资者对中国概念股的研究相对不足，唯有大型机构才会在中国安排专职研究人员，办公室还往往设在香港。举个例子，一个美国知名的大型对冲基金，管理着几十亿美元，和很多投资者一样看好中国。但

它只有一位驻华的员工,还是一个美籍华人,他在香港设立了办公室,每天的工作是看中文报纸,并且向美国报告中国的宏观经济和政策。基金经理不时会飞到中国,但只是逗留一两天拜访客户而已。

大部分投资者不可能到中国调研,只能依赖公司信息披露、外部审计及相关的投行报告。做 IPO 的中介机构,和做 OTC 借壳的中介机构,可信赖程度是完全不同的。

这个一直被中美风投宣传为最成功例子的旅程天下,虽然还是以被迫退市收尾,但是起码其在发展的过程中融到了钱。"对于中美风投经手的案子,没有融到钱的……"接触过中美风投案例的业内人士说,它曾到江苏游说一家企业,许诺可以运作其赴美上市。若在自己管辖的范围内,能有一家在美国上市的公司,会让地方政府官员觉得面上有光,官员遂对企业施加压力,而中美风投也不断抛出不切实际的承诺。最后,以壳费用、中美员工工资加上 25% 股权的代价,该企业上了 OTCBB,但直到中美风投解散,这家企业也没有转板成功,而企业也拿中美风投毫无办法。

借壳上市乱象,谁之过?

中国企业赴美借壳上市,在 21 世纪初的几年里乱象丛生,这到底是谁之过?从美国和中国的上市中介、造假的企业家、急于寻求业绩的地方政府到美国松散的监管机构,在这一整根链条中的每个环节,似乎都脱不了干系。问题爆发后,这些早前活跃在二三线城市政府宴会的中介机构当然是始作佣者,因为它充分地利用了政客们的虚荣心,在这些中介机构看来,搞定了政府,也就搞定了企业。而事实也确实如此。在笔者接触到的诸多企业中,它们的上市中介就是当地的政府部门给推荐的。当政府部门判断失误之后,买单的却是一些企业主。

谁都脱不了干系

一名参与中国企业赴美借壳上市流程的券商人员向笔者总结道:中概股出这么大的问题,不是某一方的问题,其中也包括一些企业自身的问题,而第三方尽职调查机构,如审计师事务所、会计师事务所、律师事务所也都责任难逃。出了事情,大家都得检讨,不是说某家券商不尽职调查,其他很多大的投行如高盛负责的案子也出现了问题。

在当时的市场情况下,对于参与的券商来说,没有谁比谁好,这个项目你不做别人也会做,所以在这些券商看来中概股危机的爆发,在 2000 年前后,问题的种子就被埋下了。近 10 年来,在国外经济普遍衰退的情况下,国外资本看到中国经济的飞速发展,所以都将中国作为投资热点。金融危机之后,中国企业融资更加困难,越来越多鱼龙混杂的公司赴美挂牌。而始于 2010 年的中概股做空潮中,出现问题的企业近 40 家,是过去 10 年发现有问题企业数量的总和。

纵观这些被做空的项目,大多是多家机构联合做的,谁都不能说谁就非常的清白,当然企业家造假也让人防不胜防。比如,有些案子在做尽职调查时就可以很快地发现问题,被枪毙掉,但是有些项目一些券商入驻做尽职调查的时候,总是审计报告也有,拜访的客户名录也有,貌似什么都很真实,让

人一时难辨真假。总之,这些企业各种各样的造假方式都有,每家的情况都是不一样的,有些问题是显而易见的,一些相对有良知的券商们会主动枪毙一些案子,当然也有被中国企业骗的,但为了得到生意,它们大多会睁一只眼闭一只眼。

一些券商的激进行为,确实对中国企业赴美上市的造假行为,起到了推波助澜的作用。据了解,2012年就已经注销了的罗德曼投行,在拿项目时就很激进,很多明显造假的项目它都做。据一名当事的券商人士回忆,早前,他在调查绿诺(NASDAQ:RINO)的案子时,尽职调查的过程中发现它的厂房是空着,并没有运转,根本就不像每年会有3000万美元利润的公司的运营状态。他与当时的私营业主聊天,也发现它们的业绩并没有宣传的那么大,遂放弃接触。被这家券商否掉的案子同样包括之后被做空的中国高速频道。在对中国高速频道做完尽职调查之后,它同样发现其业绩并没有公司自己宣传的那么好。但是,最后这两个项目,罗德曼投行还是去做了。当中概股造假的丑闻爆发之后,可以看到无论是罗仕证券、罗德曼投行、沃特财务集团,还是其他的券商,它们都有被质疑的项目,而且还不是少数。

而美国在审核方面的不严谨,甚至包括有名的四大律所,在审核一些中国项目时,标准也是非常的宽泛。

对企业而言,到美国上市挺光荣,还不用花多少钱,而通常有这样想法的企业往往有一些"原罪",无法在国内上市,比如涉嫌窃取国有资产,想要转移海外套现等。但是它们的花招,为何能蒙蔽住看似专业的美国审计机构的双眼呢?对于中国公司造假的指责,也要指向会计师事务所。例如,为绿诺提供审计服务的 Frazer & Frost 会计师事务所被点名之后,该公司审计的其余 25 家公司也被投资者全面质疑。美国公众公司会计监管委员会(PCAOB)是在安然丑闻之后为监管会计师事务所而设立的,根据它的报告,在所有赴美借壳上市的中国公司中,美国会计师事务所审计了 74% 的公司,但在 PCAOB 提到的案例中,一些美国会计师事务所几乎将所有的审计流程都外包给了中国会计事务所或咨询公司的人员,美国公司的人员在审计期间并未到过中国,而这些微型的会计师事务所,很多时候,可能只是一个家庭式的小公司。

北京大学光华管理学院会计系访问教授保尔·吉尔斯(Paul Gills)认为这是一个监管漏洞。中国不允许 PCAOB 到中国来检查审计美国上市中国公司的会计师事务所,中国财政部和证监会也没有监管这块工作。公司在海外上市时,两国监管者的协作是很重要的,这个方面合作的缺失必将使造假变得更加容易。

曾经的警示

实际上,早在 2004 年,经济学家郎咸平就曾经写了一篇文章,警示中国的民营企业家,到美国 OTCBB 挂牌上市,并没有一些中介机构宣传的那么好,同时他将自从 1997 年以来一些通过借壳上市企业的下场来了一个大排查,发现其中绝大多数企业,并没有得到预想中的成功转板的机会。郎咸平进而劝阻中国企业赴美上市要三思而后行。

最早在 OTCBB 上市的中国企业 CTC 化妆品控股公司,曾在 1997 年在 OTCBB 上市,但在 1999 年因未满足相关要求而从 OTCBB 摘牌,现在该公司已不复存在。后来上市的几家中国公司,情况亦不乐观。如,1999 年 11

月,与美国在内华达州注册的 Light Energy Management Inc. 达成买壳协议,从而借壳上市的世纪永联,一度受到媒体的追捧和关注,其股价也曾在上市后的 2000 年年初飙升至将近 25 美元,但半年后即跌到 5 美元以下,一度更是跌到 0.15 美元,而目前这家企业也已经不复存在。同样已经不存在的企业有:2000 年赴美借壳上市的深圳蓝点软件、成交量一直保持在 0 的深圳明华集团、2003 年借壳上市且一直交易冷清的托普控股以及同样没有得到资本关注的中国汽车系统公司。

就像上文所说,绝大多数在 OTCBB 上市的中国企业股价表现非常一般。由于对美国资本市场的不熟悉,中国的一些中小企业家,甚至都没有想清楚海外上市的目的。他们怀着简单的融资需求,甚至都不知道 OTCBB 是一个怎样的市场。他们不知道,其实 OTCBB 基本上没有融资功能。企业想要通过买壳融资就需要通过后续的融资策略,比如定向私募或者二次发行等。而在美国,相关的法律法规对超过 100 万美元的私募有较多限制,而 OTCBB 上的平均股价 0.09 美元使得二次发行亦融不到多少资。但是一些中国的企业家,后来更多的还是受中介机构煽动而一时头脑发热才赴美借壳上市。

而为了让更多的中国企业去美国 OTCBB 上市,有的中介机构把 OTCBB 介绍为纳斯达克的副板市场,并大力宣传以后可以从 OTCBB 升入纳斯达克市场。实际上,美国相关法律规定,企业满足下列条件才可向美国证券商协会(NASD)提出申请升入纳斯达克小型资本市场:(1)企业的净资产达到 500 万美元或年税后利润超过 75 万美元或市值达 5000 万美元;

(2)流通股达 100 万股；(3)最低股价为 4 美元；(4)股东超过 300 人；(5)有 3 个以上的做市商等。

事实上，的确有业绩好的企业从 OTCBB 升级到纳斯达克或者美国证券交易所，实现从丑小鸭到白天鹅的蜕变。比如大名鼎鼎的微软，就是从 OTCBB 市场上转板到纳斯达克的。国内也有企业实现了蜕变，比如在私有化过程中遭到做空机构袭击的泰富电气。

不过，并不是所有在 OTCBB 上的中国企业都能最终蜕变成白天鹅。仅是一条股价最低 4 美元的限制就把 OTCBB 上的大多数企业挡在了纳斯达克之外，因为在 OTCBB 约 75％的股票价格处于 5 美元之下。更多曾经在 OTCBB 上辉煌过的"中国神话"如今都已经变成了"明日黄花"，或早已消失。

对于爱面子的中国企业来说，从 OTCBB 升级到纳斯达克主板固然是从丑小鸭到白天鹅的蜕变，但这条路并非像中介机构描述得那么容易，除非企业本身就是白天鹅。在 OTCBB 上市不等于挂牌——由于国内股票发行后即获得上市资格，因此，我们会把上市和挂牌等同，而在美国，上市和挂牌是两个截然不同的概念。

上市是指已经发行或拥有外部股票的公司把自己变成一个公众公司，其股票可以在公开的市场上进行交易，这个市场可以是纽交所和纳斯达克等主板市场，也可以是美国柜台交易市场、美国粉单市场等低层次的柜台交易市场；而挂牌是指公司符合一定挂牌条件后，通过美国证券交易委员会的审核批准，在提供挂牌服务的机构如纽交所和纳斯达克等挂牌。

郎咸平的文章在当时引起了轰动，当然众多正在从事这个买卖的中介

机构,也纷纷对媒体表示,借壳上市并不全是骗局,双方口诛笔伐一段时间之后,市场一切依旧。直到2010年,整个市场才对借壳上市以及一些活跃的中介机构普遍敏感起来。这主要是因为那些借壳上市的企业主,真的如郎咸平所预言的,不仅无法融资,每年还要支付上百万元人民币的市场维护费用。一位北京企业主说,2011年年初一家"香港布雷斯"公司找到他,游说他的公司去美国上市融资,保证"能融到4000万美元",他只需支付300万元人民币,加上7%的股权,上市后再付200万美元即可。随后他到布雷斯网站上发现其"成功案例"中有山东博润(NYSE:BORN)等正被质疑的企业,遂放弃与之接触。而目前,自知这一市场已经触碰到道德和市场规则天花板的"香港布雷斯"老板,已经转行从事茶叶投资的工作了。

在中国资本市场的观念里,出一些造假的企业或许不会那么让人感到奇怪,关键是能不能在造假的企业曝光之后将这些企业淘汰掉。美国为诚信而设立的游戏规则,需要的是阳光,阳光是最好的杀毒剂,当然美国资本市场的惩罚也非常严格的,因为本来美国的游戏规则就是为一些守诚信的企业制定的。

Chapter 2

中概股危机爆发

危机的爆发——当中概股遇到做空机构

先是一些嗅觉灵敏的基金在前面探路,发现一些财务造假的中概股之后开始小范围的做空,之后背后都有大量对冲基金撑腰的专职做空机构出现了。从2010年开始,这波主要质疑以借壳上市途径在美挂牌上市中概股的财务造假问题的大潮,终于袭来。从中国高速频道、东方纸业到嘉汉林业,这些受到做空潮袭击的近40多家中概股企业,大多都与绿诺有着相同的经历。

2007年,大连绿诺环境工程科技有限公司(简称绿诺)董事长邹德军非常焦虑,公司发展急需资金,但是当时国内市场的融资渠道对绿诺这样的民营企业,基本上是封闭的。此时,一连串邹德军连名字都没有听说过的美国中介公司出现了,它们承诺能帮绿诺免费在美国上市,只收取部分股权。是时,在内地上市都还是一件小民营企业不敢想象的事情,能到美国上市,更

是邹德军们遥不可及的梦,但这场梦很快实现了。

果然没有让邹德军失望,2007 年,绿诺就以反向收购的方式(RTO)成功登陆美国 OTCBB。2009 年,又迅速从 OTCBB 转板到纳斯达克。让绿诺在美国资本市场的呼声达到极致的是,2010 年第一季度绿诺在美国中介机构帮助下,其业绩冲到历史最高点。但是,谁也没有想到,仅仅三个季度后的 12 月,绿诺即作为最著名的被摘牌的中国公司留在纳斯达克的历史里。2010 年 11 月 17 日,绿诺被停牌,同年 12 月 9 日转至粉单市场。

而就在绿诺被做空,股价大跌损失惨重的过程中,发表做空报告的美国民间研究机构,浑水(Muddy Waters)以及背后与浑水有着千丝万缕联系的基金们却趁机大赚了一笔。"在美国上市已经成为一些业绩并不好的中概股的牟利工具,是时候让它们为自己的欺骗行为买单了。"2011 年 12 月 1 日,浑水创始人卡森·布洛克(Carson Block)在其纽约的办公室对笔者这样说道。

以猎杀东南融通(NYSE:LET)一战成名的香橼研究公司(Citron Research)创始人安德鲁·莱福特(Andrew Left)则认为,造成欺诈的根源是中国企业,但帮助其上市的投行也有部分责任。"它们应该做更多的功课,尽到应尽的职责。"

事实上,有责任的不仅仅是中概股,还有那些将中概股带去美国市场的一系列中介机构。这里面包括财经公关、律师事务所、税务师事务所、小型券商等。"这是一个把中国公司带到美国去的机制。对这些银行、律所来说,它们可以赚大笔的钱。我花了几个月时间去理解这个环境,我知道美方这边有多么腐败。它们通过卖一些炙手可热的金融产品来挣钱,这个炙手可热的金融产品就是中国。"莱福特表示。

确实,早在 2000 年,中国内地就已经成为全球资本聚集逐利的焦点。一批批美国中介皮包公司、小型投行、律师和会计师团队纷纷涌入内地寻找可以运作的中国公司。多数急于融资,但是对美国资本市场毫不了解的民营企业,在中介机构免费运作上市、只收部分股权的承诺下,纷纷将自己的上市梦托付给了这帮它们毫不了解的人。

"这拨机构起初成了唱多中国公司最有力的吹鼓手,哪怕后者身上有着显而易见的、不可回避的缺陷。而等到这些中国公司徜徉在资本溢价的幻觉里时,'浑水们'便出现了。而彼时,那些中介机构早已赚得盆满钵满,不见踪影。留下惊慌失措的中概股,在美国人的战场上,用美国人的规则,与美国金融资本家仓皇较量。这就相当于一个小学生在运动场上与大力士一比高下,中概股必定输得血肉模糊。"在美国资本市场有过多年工作经历的现经纬创投创始管理合伙人张颖向笔者表示。

做空者蜂拥而至

那些最初发布的中概股做空报告,其实是一些个人投资者在一些讨论股票的门户网站上发表的个人研报。美国有个著名的网络金融媒体 Seeking Alpha,是美国读者辐射面最广的网络金融媒体,每月的独立阅读人数达到了 5000 万,超过 45% 的美国金融从业人员阅读其评论分析,而它也一度成为中概股做空研报发表的阵地。而著名的匿名做空者 Alfred Little(简称 AL),起先就是通过 Seeking Alpha 发表的做空报告。

早期最有影响力的个人股东做空中概股事件,是来自美国德克萨斯州奥斯汀的个人投资者约翰·博得(John Bird),对借壳上市的造假公司天一

医药的指控。在中国概念正被华尔街炒得如火如荼的时候,他发现这家业绩好得惊人的中国医药企业其实只是一个骗局,其财报中存在明显的欺诈行为。这家公司的库存消耗竟比一个炸面包圈店还要快,就好像有人告诉你他开车以 600 公里的时速在你面前经过一样,简直是天方夜谭。John Bird 在后期发现,在众多造假的中国股票中,天一医药只是其中之一,从 2000 年到 2010 年,总共有 350 家中国公司以借壳上市的方式在美国上市,而这些企业,或多或少都存在问题。

之后 John 并没有发起更多的对中概股的袭击,但是后来出现的一轮又一轮对中概股锲而不舍的攻击,让浑水、香橼这些甚至在美国都名不见经传、不知出处的三流做空机构,一时在中国声名鹊起。2010 年开始,做空中概股大潮正式来袭。

在纽约的华尔街,确实潜伏着一大批这样的民间组织。它们没有自己的办公室,基本上都是孤军奋战,在美国最具权威的金融业监管局(The Financial Industry Regulatory Authority,简称 FINRA)的数据库里,也找不到它们公司的名字,这些组织喜欢通过自己的博客或者自己建立的简单网站,匿名或者实名地上传对中国概念股的做空报告,然后大赚一把。

在美国,此类做空中概股的机构有将近 20 家。香橼创始人莱福特承认,这些机构都是 2010 年以来集中出现的,它们大多模式雷同,基本上只有一个人在全职经营,并且还存在着激烈竞争,互相抢夺标的。

这些早前还在默默耕耘的民间做空组织,深刻地懂得"得到的关注越多,之后发出报告将越具有影响力"的道理,它们都非常乐意曝光和宣传自己。美国做空机构浑水创始人卡森·布洛克被中国人熟悉的做空案例有很多,其中包括了使得著名基金经理约翰·鲍尔森亏损近 100 亿美元的嘉汉林业。2011 年年底,他又因为做空在纳斯达克上市的分众传媒(NASDAQ: FMCN)而备受关注。香橼也曾经因为做空东南融通被熟知。2011 年年底,他看中的是奇虎 360,但是与浑水的"不鸣则已、一鸣惊人"相比,香橼此次狙击奇虎更多的是遭到业界"不专业"的评价,引起的市场震动非常小。

如果说像布洛克和莱福特这类做空者还算得上是负责任的做空者,因为他们在每份做空报告上面都会署上自己的名字和研究机构——那么,有些做空机构则完全采用匿名的形式来进行操作,其中一个非常著名的匿名做空者就是一直以网名 AL 来发表做空报告。AL 的做空成绩也非常优良,其中就有从 2011 年年底到 2012 年一直在积极对 AL 进行诉讼调查的纽交所上市公司希尔威金属矿业有限公司、纳斯达克上市公司德尔集团,而之后的事实证明,所谓的匿名机构 AL,事实上,就是之前一直帮着中概股赴美上市的基金 EOS。

根据希尔威进行的调查报道,这些号称美国独立的做空机构,实际上经常进行调查资源的共享和互换,并在一家发表做空报告之后,另外一家迅速跟进来做空,渲染气氛达到盈利的目的。希尔威总裁兼董事长冯锐向笔者表示,2011 年 11 月 11 日,AL 也发表一篇文章攻击绿诺,并引用了浑水的研究内容,"攻击其他一些公司,它们也是一起出手"。

尽管合作十分密切,但是这些做空机构,其实也分个三六九等。布洛克,这个在华尔街被称为做空中概股之父的浑水的创始人,被同行认为是最专业的。2012 年年初,安德鲁·莱福特在接受笔者采访时表示,深入的调查是很费钱的,浑水能通过很多方式拿到钱来进行调查,而大多数的研究机构

则只能浅尝辄止,浑水能写出 80 页的做空报告,并且极具调查性,但是像它们一般只能写出不到 10 页的文章,且都是泛泛而谈。

"做空一家公司,我们会成立一个超过 10 人的调查团队,且在发布做空报告之前,这些成员也都或多或少地买入了这家公司的空单。"布洛克称,所以我们有能力在中国聘用更多的专业人士展开调查。安德鲁则坦言,在中国,对奇虎 360 的调查人员,是自己在网络上挑选的两名北京在校大学生。当笔者质疑调查人员的专业性时,他则表示欢迎一切知道内情的人士向他举报。

安德鲁·莱福特认为这行的竞争太激烈了,中国在美国上市的企业也就 200 多家,但不是每家都有问题的,所以就会出现两个研究机构都在调查同一家公司的撞车情况。"总的来讲,我觉得做空中国的业务是越来越难做了,很多公司都将退出这一领域,因为做空的报告太多,要求也更加严格。"而目前的动向是,由于发表的报告实在太不专业,香橼在 2012 年年初集中发表的袭击奇虎 360 的研究报告,不但不像 2010 年那样在资本市场上引起反响,甚至连奇虎 360 官方都不愿意理睬,表示不想回应。

遭到袭击的中概股

据统计,目前一共有近 100 家来自各行各业的中国企业在过去 10 年间通过现在 OTCBB 挂牌的方式,辗转登陆纽交所、美交所或纳斯达克等美国主板市场。根据这些企业目前的状况,它们或由于财务造假等违法违规事件被摘牌退市,或自行私有化退市,或已遇到质疑但仍暂时留存于主板,或尚未有质疑披露的其他公司。

到目前为止,被摘牌和遭遇过做空机构质疑的企业分别如表 2-1 所示。

表 2-1　被摘牌和遭遇做空机构质疑的中概股公司

公司名/董事长	代码	行业	主营业务	中介服务	OTCBB	转板时间	省份城市
博迪森/王琼	BBCZ	农业	农药肥料	New York Global/KPMG	2004.3	2005.8	陕西西安
节能技术	CESV	能源	节能设备	Moore Stephens	2004.8	2005.4	广东深圳
金鼎化工/陈四强	NOEC	工业	化工产品	Weinberg & Company	2004.11	2007.5	河南信阳
艾瑞泰克(太龙)/常玉	CAGC	农业	有机肥	Crowed Horwath	2005.2	2009.9	黑龙江哈尔滨
福麒国际/庄儒桂	FUQI	商业	珠宝首饰	万通投资/松上国际/Stonefield Josephson	2005	2007.10	广东深圳
双金生物	CHBT	商业	食品添加剂	Roth/BDO/ Loeb	2006	2008.10	上海
盛大科技/陈祥芝	SDTH	材料	纳米碳酸钙		2006.4		山东泰安
万得汽车/赵清洁	WATG	商业	汽车发动机	Halter Financial Group	2006.6	2007.11	辽宁锦州
第一能源/吕金祥	APWR	能源	风能设备	MSCM	2006.8	2008.1	辽宁沈阳
瑞达电源/胡家达	CRTP	能源	铅酸电池	AGCA	2007.2	2009.7	广东深圳
江波制药/曹务波	JGBO	医疗	制药	Frazer Frost	2007.5	2007.10	山东莱阳
同心国际/章端祥	TXIC	商业	汽车装备	BDO	2007.7	2008.6	湖南长沙
西安宝润/高新成	CBEH	能源	生物柴油批发	KPMG	2007.10	2009.6	陕西西安
智能照明/李雪梅	CIL	IT	LED 灯具	西园资本/AJ Robbins/Malone Bailey/Friedman LLP	2007.10	2010.6	广东惠州
绿诺/邹德军	RINO	工业	环保设备	制富资本/ Frazer Frost/ Pinnacle Fund	2007.11	2009.7	辽宁大连
普大煤业/赵明	PUDA	能源	煤炭开采	Brean Murray/Carret/Moore Stephens/山西秉钰律所/中信信托	2007.11	2009.9	山西太原

续表

公司名/董事长	代码	行业	主营业务	中介服务	OTCBB	转板时间	省份城市
中国阀门/房四平	CVVT	工业	高压阀门	Frazer Frost	2007.12	2009.11	河南开封
山东昱合/高振涛	YUII	农业	家禽孵化与养殖	Halter Financial Group/Child, Van Wagoner & Bradshaw/Winston & Strawn	2008.3	2009.10	山东潍坊
开元汽车/李勇会	AUTC	商业	汽车销售	PWC	2009.4	2009.10	河北石家庄
科元塑料/陶春风	KEYP	材料	塑料	汉坤	2009.4	2010.9	浙江宁波
盛世巨龙/严治风	CDM	传媒	广告	西园资本/Malone Bailey	2010.4	2011.2	北京
新华悦动/郑景胜	XSEL	传媒	广告	Deloitte		2007.12	北京
中视控股/Clive Ng	CABL	传媒	有线电视服务			2008.7	湖北武汉
多元印刷/郭文华	DYNP	工业	印刷设备	Piper Jaffrey/Roth/Deloitte/ Hogan Lovells/Pinnacle		2009.11	湖南邵阳
岳鹏成电机/王岳	CELM	工业	微特电机	Malone Bailey/北斗鼎铭		2010.1	广东深圳
高速频道/程征	CCME	传媒	户外广告	BDO/汉坤		2010.6	福建福州
数百亿/蔡志广	SBAY	IT	电子商务	PwC		2010.3	广东广州
纳伟仕/厉天福	NIV	IT	影音类电子消费产品	万通投资/Kempisty & Company/ BDO/Friedman			广东惠州
汽车系统/陈涵霖	CAAS	商业	汽车配件	Schwartz Levitsky Feldman/ Armandoc Ibarra	2003.3	2004.8	湖北武汉
圣元国际/张亮	SYUT	农业	乳制品	北京永拓	2004.4	2005.7	山东青岛

续表

公司名/董事长	代码	行业	主营业务	中介服务	OTCBB	转板时间	省份城市
东方信联/韩大庆	TSTC	IT	无线通信解决方案	Mazars	2004.8	2006.9	北京
中国教育集团/于希群	CEU	商业	培训		2004.9	2009.7	黑龙江哈尔滨
中强能源/付治国	ABAT	能源	锂电池	万通投资/ Friedman/McLaughlin & Stern	2004	2007.10	黑龙江双城
天星生物/陆伟兵	SKBI	农业	兽药	Frazer Frost/Crowe Horwath/锦天城	2005.10	2009.6	陕西西安
众品食业/朱献福	HOGS	农业	猪养殖和加工	BDO/顶点基金	2006.2	2007.12	河南长葛
天一药业/刘彦青	CSKI	医疗	制药	MSPC	2006.5	2008.9	黑龙江哈尔滨
旅程天下/蒋江萍	UTA	传媒	在线旅游预订	桥梁资本/GKM/ACSB & Co./Windes & McClaughry	2006.7	2009.10	广东深圳
神州矿业/于晓静	SHZ	材料	萤石矿	McLaughlin & Stern	2006.9	2008.1	北京
索昂生物/任宝文	SECI	能源	水煤浆供热	Yu & Associates/Weinberg & Company	2006.10	2010.5	陕西西安
艾格菲/李松岩	FEED	农业	猪养殖	New York Global/GPKM	2006	2007	江西南昌
多元水务/郭文华	DGW	工业	水处理设备	香港均富国际/GT		2009.6	北京
德尔集团	DEER	商业	小家电	New York Global/William Blair/GPKM/BMO Capital	2007.2	2009.7	广东深圳
东方纸业/刘振勇	ONP	工业	瓦楞纸	桥梁资本/Davis Accounting/Chinamerica	2007.10	2009.12	河北保定
海湾资源（豪源）/杨明	GURE	农业	溴盐原盐	桥梁资本/BDO/Chinamerica	2008.3	2009.10	山东潍坊

55

续表

公司名/董事长	代码	行业	主营业务	中介服务	OTCBB	转板时间	省份城市
永业国际/ 吴子申	YONG	农业	动植物营养素	Patrizio & Zhao / KPMG/Black River/ Ardsley Partners	2008.4	2009.9	内蒙古 呼和浩特
庆客隆/ 王状一	QKLS	商业	超市连锁	BDO/德恒律师	2008.5	2009.10	黑龙江 大庆
绿色农业 （鼎天）/李涛	CGA	农业	腐殖酸液肥	Rodman/Kabani/ Pinnacle Fund	2008.8	2009.3	陕西西安
天人果汁/ 薛勇科	SPU	农业	果汁饮料	BDO	2009.9	2010.3	陕西西安
金凰珠宝/ 贾志宏	KGJI	商业	珠宝零售	致富资本	2009.12	2010.8	湖北武汉
圣火药业/ 蓝桂华	KUN	医疗	制药	万通投资/Bernstein & Pinchuk		2007.6	云南昆明
神阳科技/ 钟波	ZSTN	IT	综合设备	西苑资本/Kempisty & Company		2009.11	河南郑州

这是一条很长的产业链

急于圈钱的企业、弄虚作假的中介机构、无所不为的金融调查机构、道貌岸然的做空机构、中概股遇袭之后涌出的集体诉讼环节，以及上市环节最后把关的各大交易所，正是这么一群机构，在不同的时间节点适时出现，并反复交易，才划出了中概股从上市、股价被包装至最高、遭遇做空、面对诉讼而最终退市的向下抛物曲线。最终，中概股名利全失，而在每个节点都能赚到钱的这些机构，直到中概股退市，都能从它们身上榨到最后一滴血。

"浑水们"负责发布做空报告，大型的对冲基金在后面做局，各方之间顺畅地合作，让做空机构获得足够的自信。从2011年下半年开始，它们开始把目光投向一些优质的中概股,比如分众传媒、希尔威等。做空了 7 家中概股并大获成功,但失手于展讯通信的浑水创始人布洛克,在纽约接受笔者采访的时候表示,目前还没有收到任何一家被做空企业的指控。曾经遭到做空的分众传媒副总裁稽海荣在 2012 年年初也放言,公司有起诉浑水的计划,但是对美国的法律不太了解,正在咨询律师。

遭到袭击的中国公司不能只顾自己,只有大家都团结起来积极地应战,才可能在美国的资本市场里面生存下去。香港中环资产投资有限公司(CAI)行政总裁谭新强亦认为,中国企业应该联手诉诸法律,不能忍气吞声。不过著名投资家吉姆·罗杰斯(Jim Rogers)向笔者表示,不必理会这些美国的做空机构,企业只需做好自己的业绩,自然会击退这些谣言。

"浑水欢迎被起诉,但是可以肯定的是,因为我们的调查有理有据,要是中国企业起诉我们,它们将受到更大的损害,因为它们必须将自己的财务状况更加透明化。"布洛克称。香橼也表示,目前并没有受到任何来自中国的指控,这更加坚定了其声称报告真实的决心。

在与做空机构的交锋中,一些企业选择明哲保身。2011 年年底,因为无法按时提交财报,担心遭到做空机构袭击的瑞达电源(PINK:CRTP),主动选择了退市。"此前,每年光给纳斯达克的市场维护费就达将近 10 万美元,小企业是不堪重负的。"其创始人胡家达坦言。

确实,想要去起诉做空机构的是少数。据笔者统计,已经对做空者提起诉讼的中概股企业有 1 家;聘请了海外律师团队,正在进行诉讼前期调查的中概股企业有 2 家;另有 2 家中概股企业公开表示将对做空者提起法律诉讼。而到 2012 年年中,唯一一家真正花费巨资来起诉做空机构的希尔威,却

因为言论自由败诉。2013 年,随着做空机构的销声匿迹,也不见有被做空的中概股对做空机构的起诉见诸报端。

做空机构入场

浑水的前世今生

2010 年 1 月份,还没有创办浑水研究公司(Muddy Waters Research,简称浑水)的布洛克辗转来到河北省保定市徐水县南郊,他们是来探访一家在美国证券交易所上市的名为东方纸业的中国公司。在工厂参观了大概一个半小时后,布洛克被眼前所见震惊了:破旧的厂房、生锈的设备、堆积的垃圾以及无所事事的工人——这和他的预期有着天壤之别,要知道他此行的目的是为了投资这家市值超过 1.5 亿美元的公司。

就在数月前,布洛克的父亲比尔·布洛克(Bill Block)在美国佛罗里达州的一个会议上遇到了来自东方纸业的代表,后者向比尔介绍称,该公司是一家优秀的中国企业。比尔当时正在寻找中国概念股的投资机会,他决定请人去实地调查一下,如果情况属实,他将会做多东方纸业的股票。

布洛克因此受父亲委托来到了河北保定。但是,东方纸业在信息披露文件中号称有 450 万美元的存货,他到现场看到的却只是一推废纸。保定之行让布洛克沮丧之极,他认定东方纸业存在严重的欺诈行为。不过接下来,他决定暂时静观其变,因为东方纸业刚刚更换了会计师事务所,正在对其财务状况进行审计。他预计东方纸业将遭到会计师事务所的质疑。

然而令他大跌眼镜的是,东方纸业在 2010 年 4 月宣布通过了外部审计。在他看来,这是一家存在如此严重欺诈行为的公司,审计师却视而不见。看到机会的布洛克遂开始了自己的打击中概股造假之路。

做空中概股,其实并非是布洛克最初的中国梦。布洛克说,受到父亲的影响,他 12 岁时就萌生了投资中国的想法,并且认为中国蕴藏着巨大的商业机会。1994 年,布洛克在美国南加州大学主修金融学,并且选修了汉语。1998 年大学毕业后,他立刻飞到上海,希望将此作为事业的起点。当时中国股市投机行为盛行,布洛克在上海租了一间公寓,然后花大量的时间去研究为数不多的 B 股,并且一一去拜访这些公司。但仅仅 6 个月后,他就意识到在中国推行价值投资理念的做法根本行不通。失望之余,1999 年 1 月,他搭上了回美国的飞机。

其实布洛克与中概股扯上关联,其父亲比尔的作用很大。比尔早年建立了一家小型独立投资研究机构 W. A. B. Capital,该公司将小型上市公司推介给华尔街知名基金经理,而比尔本人也在华尔街小有名气,与众多基金经理人有着良好的关系。

事实上,布洛克的父亲才是真正经验老到的资本掮客。比尔曾多次对美国本土小型上市公司唱空或做多。2000 年,也就是美国互联网泡沫破灭伊始的时候,比尔更是成功唱空一家名为 THQ 的 Play Station 游戏供应商,让其股价下跌。

2000 年后,中国概念股开始扎堆在美国纳斯达克市场上市,消费行业与

新兴行业成为纳斯达克中国板块的主题。经验老到的比尔在市场上再度看到了互联网泡沫破灭前似曾相识的繁荣场景。从那时起,比尔便对一些中国在美国上市的公司产生了强烈兴趣。

1999 年,布洛克沮丧回国之后,开始攻读法律。在有了近 18 个月的律师工作经验之后,布洛克开始在其父亲所在的调查机构工作,但终因意见不合而离开。原因主要是比尔的公司曾有很长的吹捧烂股的历史,他将一些公司的评级列为"强力推荐买入",这些公司便给他钱。

2005 年,布洛克回到上海,创办了一个提供中国商业信息的网站和一家名为 Love Box 的私人仓储公司,但生意算不上成功。直到 2010 年,他意识到抓住那些有瑕疵的中国概念股也可以成为一门生意。布洛克和他的伙伴因此成立了一家名为浑水的市场调查公司,希望抓住那些在赴美上市热潮中试图浑水摸鱼的中国概念股。

接受笔者访问当天,布洛克刚参加了彭博社举办的对冲基金论坛,并且做了演讲。在演讲提问环节,一名来自欧洲的投资人当场对布洛克的律师身份表示质疑,并指其能力不济——"被加利福尼亚州解除律师身份"。该名投资人情绪激动地指责布洛克发表不实调查报告,使自己损失惨重,最终被两名安保人员架出门外。"我从来没有在加利福尼亚做过律师,那只是雅虎网站上的谣言,我只有纽约的律师证。"布洛克对笔者说。法律,或许是布洛克和他的同行们比较介意,或者说看重的一件事。

与普通投资人一样,布洛克也看到,近年来中国概念股在美国资本市场太热了。据不完全统计,2008 年以前,通过反向收购先上 OTCBB 市场,而后能成功升板到纳斯达克主板的中国公司,一年只有 5 家。而从 2009 年下半年起,每个月就有五六家。2009 年,由 OTCBB 升至纳斯达克主板的中国公司高达 36 家,而通过 IPO 上纳斯达克的只有 10 家。"熟悉美国资本市场的财务总监(CFO)是有限的,有些公司的财务总监甚至是临近上市才找到,甚至来不及把招股说明书从头到尾读一遍。"他这样猜度。

2010 年 6 月 28 日,浑水在香港注册办事处,注册资金 1 万港元,公司注册地址为尖沙咀柯士甸道丽斯广场 19 层,其地理位置远离金融中心,与四周密集的住宅楼毗邻而居。除此之外,深谙法律的布洛克并没有在中国内地设立办事处。

在香港有做空机制,机构可以对上市公司进行做空,但是在内地还没有这样的机制。布洛克为了避免今后造成法律方面的困扰,尽管调查业务都在内地,但是还是将公司注册地点设在了香港,并将唯一的办公室也设在了香港。但是据了解,基本上,这个办公室空无一人。

从 2010 年 1 月开始到 2012 年 10 月,浑水已经对 8 只中概股进行了狙击,受其攻击的公司大部分股价均出现大幅下跌,其中绿诺国际和中国高速频道已退市,多元环球水务已停牌。浑水及相关利益公司亦因此赚得一大笔钱。

"我自己都没有想过,原来做空中概股会是一件这么赚钱的美差事,不过我现在都不敢回中国去了。"布洛克不无感叹。而此时,他已经通过做空绿诺科技(NASDAQ:RINO)、嘉汉林业(TSX:TRE)、多元环球水务(NYSE:DGW)、中国高速频道(PINK:CCME)、雨润食品(1068.HK)、展讯通信(NASDAQ:SPRD)以及新东方(NYSE:EDU)、分众传媒(NASDAQ:FMCN),而成为华尔街的知名人士。

浑水开始行动

东方纸业是浑水袭击的第一家公司。

2007年,东方纸业,这个坐落在河北保定的小民企发现,和国内其他行业一样,造纸行业的内部整合同样非常激烈。一个公司如果不能持续扩大规模,很可能立刻被竞争对手超过,并威胁到生存。然而建设新的厂房,引进新的设备和技术都需要资金,对于东方纸业来说,在国内融资非常困难。2007年11月,在中美桥梁资本的运作下,东方纸业赴美国OTCBB上市。12月17日,东方纸业成功转板纽交所旗下的美交所。

在OTCBB时,东方纸业融资困难,自从转板之后,东方纸业陆续开启了几轮融资。2009年10月,东方纸业融资500万美元,并成功并购一家国内数码相机厂,从而使公司在数码产品上扩容。当时,东方纸业的股价也一路攀升到了9.86美元的高点。

不过,由于东方纸业对美国资本市场不熟悉,也使得在美国融资这条路非常有挑战性。不熟悉美国上市公司的操作程序,东方纸业在挑选律师、会计师以及中介机构方面还是走了一些弯路。"作为新的上市公司,各方面有很多功课要学,开销巨大。"当时的CFO阎治文坦言:"2010年东方纸业仅上市相关领域的花销就达150万美元,高额的费用让东方纸业叫苦不堪,只能通过不断地融资来弥补。"

就在东方纸业启动新一轮融资没多久,2010年6月29日,浑水在香港注册公司的第二天,布洛克就抛出了重磅炸弹。他在其公司网站上发布对东方纸业的研究报告,称其存在欺诈行为,并列举了"九宗罪":

"(1)自 2009 年以来大概有 3000 万美元的资金被挪用;(2)东方纸业将 2008 年的营收夸大了 27 倍;(3)东方纸业将 2009 年的营收夸大了 40 倍;(4)东方纸业声称的 10 大客户支持了我们关于东方纸业欺诈的结论;(5)东方纸业的资产估值至少夸大了 10 倍;(6)东方纸业的产品生产线被严重夸大了;(7)东方纸业的存货价值被夸大;(8)东方纸业 2008 年和 2009 年的存货周转依次是 32.5 次和 16.8 次,这是十分不可靠的,因为该行业最优秀的公司存货周转也只能达到 4.3～7.7 次这个范围;(9)东方纸业严重夸大了它的毛利润率。"

浑水用大量的图表和照片来证明东方纸业的虚假行为,共 30 页的做空报告从内容到形式都做得非常专业。当天,东方纸业股价由前一个交易日的 8.33 美元下跌至 7.23 美元。

东方纸业于做空报告发布的第二天,迅速回应了浑水的质疑,称其出具的报告中有很多错误、遗漏、造假和无事实根据的结论,目的在于让读者得出"东方纸业造假"的结论,并由此获利数千万美元。同时质疑浑水对中国境内外的造纸工业没有明显的研究经验,只在一场大暴风雪之后对东方纸业公司进行过 90 分钟的到访。但浑水丝毫不妥协,于 7 月 1 日出具对东方纸业自己宣称的子公司——河北省保定市东方纸业有限公司(HBOP)的复审文件,提出了更多质疑东方纸业的论点和论据,再度重申对东方纸业"强力卖出"的评级。当日,东方纸业股价剧烈震荡,最低一度跌至近 4.11 美元,并最终收于 5.09 美元,较前一交易日下跌 23.8%,而相对被质疑前的 8.33 美元,跌幅近 39.37%。

东方纸业同样不甘示弱,7 月 6 日,它针对浑水的质疑进行了一一的解

释和澄清。东方纸业还放出消息称在浑水发布报告之前,浑水相关人员曾向其讨要 30 万美元的公关费,不过被拒绝了。

2010 年 7 月 23 日,东方纸业董事会宣布聘请德勤等机构就浑水对东方纸业提出的质疑进行独立调查。2010 年 11 月 29 日,在经过了将近 5 个月的独立调查后,东方纸业董事会审计委员会公布了三方联合的独立调查结果,全面否定了浑水的质疑,只是在一两项内容上作出了保留,如:产能方面,由于锅炉安装未到位造成瓦楞原纸生产线和两条印刷纸生产线推迟;对于东方纸业从徐水县东方贸易有限公司进行原材料采购,将会有进一步调查;公司有关新设备以及相关矿床的土地购买被认为是正常的,但存在着披露风险。

在此期间,东方纸业的股价一度下跌逼近 4 美元。而调查证明,东方纸业确实夸大了其财务数据。比如,东方纸业在税收方面的实际情况与上报的数据也被指存在落差,这主要是指东方纸业上报给中国工商部门的存档资料与上交给美国证券交易委员会的数据之间的差别。并且,公司还存在主要供货商与公司存在没有披露的关联交易等问题。而更多的谜团还体现在设备、库存、客户等更多经营细节上。东方纸业下属的"最大原材料供货商"徐水县东方商业有限公司也被指近年来几乎没有营业,就像一个壳公司。

目前,东方纸业仍然在美交所挂牌。截至 2012 年 10 月 9 日,其股价维持在 2 美元左右,近几个月几乎没有太大的交易量。浑水做空东方纸业,从 2010 年 6 月 28 日到 7 月 22 日,共发表了 8 份报告。东方纸业应对做空机构的指控非常积极,并迅速聘请德勤等事务所为自己证明。但是,其还是以股价大跌收手,并让投资者信心尽失。而此次做空也让浑水初露头角,同时也大赚一把。

如果说布洛克瞄上东方纸业是受其父亲所托,那么盯上同属借壳上市并转到主板的绿诺科技(现已经停牌)则是因为其在不到 3 年的时间里面,已经换了 3 个审计师、4 个首席财务官,并两次调整以往的财务报表数字。与做空东方纸业的拉锯战不同的是,做空绿诺,浑水只用了 23 天,便让其在纳斯达克摘牌。

绿诺位于大连,主要制造斜管沉淀罐、烟气脱硫装置及高温钢坯防氧化设备等外形奇特的环保设备,其客户包括首钢京唐钢厂、本溪钢铁、承德钢铁等。在过去 3 年里,绿诺每年销售收入据称都以 40％以上的速度增长,2009 年销售收入达到 1.9 亿美元,2010 年前三季度财报披露的销售额为 1.52 亿美元,不过这些最后都被证明是虚假数据。

2010 年 11 月 10 日,浑水公开质疑绿诺存在欺诈行为,其出具报告称绿诺公布的 2009 年 1.93 亿美元的销售收入实际只有 1500 万美元,其数值来源是绿诺提交给国家工商总局的资料。浑水同时质疑其管理层挪用了数千万美元的公款,其中包括花费 320 万美元在美国橘子镇购买奢华房产。浑水还质疑绿诺虚构合同,夸大客户量,称其访问的绿诺公开披露的 9 家客户中,有 5 家否认购买了绿诺的产品,其中包括宝钢、莱钢、重钢、粤裕丰钢铁等。

2010 年 11 月 9 日,绿诺股价报收于 15.52 美元,浑水给出的目标价位只有 2.45 美元,评级为"强力卖出"。随后,绿诺股价开始暴跌,直至 11 月

17日早盘突然停牌时,绿诺最后一笔成交价为6.08美元,当日跌幅即高达14.97％。农民出身、不谙资本市场规则的绿诺创始人邹德军回应起此次危机不但行动迟缓,而且给了外界一个很不明智的解释。

在主动将股票停牌四天后,为绿诺提供审计的Frazer & Frost会计师事务所在11月19日向美国证交会提供文件称,当问及公司其他的合同时,邹德军在电话里承认其中大约有20％～40％的合同是有问题的。邹德军或许认为情况完全没有浑水说的那么严重,但他显然没有意识到承认造假的严重性已触及美国资本市场游戏规则的底线。

2010年12月3日,在被纳斯达克交易所停牌两周以后,绿诺已经收到纳斯达克交易所的退市通知。纳斯达克表示,根据纳斯达克上市规则5101、5250(a)(1)和5250(c)(1),绿诺科技已经不再满足纳斯达克的上市标准。自此,绿诺成为这波中概股被袭击潮中最先退市的一家。

一周后的12月9日,绿诺被摘牌并转至粉单市场,股价从被质疑时的15.52美元一路暴跌至3.15美元。而这也成为遭遇美国资本市场做空者的集体围猎后,最早退市的中概股。

邹德军如此毫无抗争的承认错误并毫无经验的应对,让浑水都觉得绿诺高层对资本市场的了解简直如同一张白纸。浑水只用一篇30页的研究报告,就让这个行业之星陨落,这也堪称浑水最得意之作。

据了解,绿诺当时的上市中介是致富资本,而其运作的金凤珠宝项目,也受到了做空机构的袭击。但对于绿诺来说,输掉了公司还不算,邹德军可能还要面对投资者的起诉。来自瑞士的永续资产管理公司和美国新泽西州的德雷曼价值管理公司,都是绿诺的大股东。半年后,创始人邹德军接受了《南方周末》记者张育群的访问,从一个对资本市场毫无概念的民营企业家的角度,讲述了自己从被引导上市,疲于应付美国投资者,到被浑水做空时毫无经验的应对的过程,同时也对赴美上市进行了反思。他亦希望对后来的民营企业家起到警醒的作用。

邹德军在采访中说,2010 年年底,在浑水公司发布看空报告后 20 个小时,他便疲惫不堪地从纽约回到了国内。一周后,他向美国审计公司"承认"部分合同存在问题,接下来,他开始被淹没在铺天盖地的电话和谴责声中。

绿诺的事情惊动了当地的政府部门,市长亲自过问这件事对公司的 500 名员工会有多大伤害,而毫无应对经验的邹德军也不知如何应答。

接下来的 6 个月时间里,邹德军经历了创业以来最大的一次考验,甚至险些没能熬过去。在这股质疑小盘中国概念股的浪潮中,一些生长在反向并购流水线上的创业公司,在美国资本市场遭到做空者的集体围猎——绿诺科技则不幸成为最早退市的企业之一。

如果这一切没有发生,绿诺科技仍将是行业里有潜力的明星企业。从 2003 年创立至今,在短短 7 年时间里,绿诺科技成为这个竞争并不激烈的领域内的未来之星。在过去 4 年时间里,每年销售收入都以 100% 以上的速度增长。

但这一切均伴随着浑水公司的那一份报告戛然而止。退市后,诸多大合同因信誉受损而无法继续。在过去,很多商业银行行长专程到公司拜访绿诺科技,并给予大额授信;而如今,各家银行都给予了公司信贷风险警示。

退市后的半年多时间里,战战兢兢的还有绿诺科技的员工们。春节后,

德勤会计事务所及斯格特事务所的独立调查组在公司驻扎了 45 天,和员工挨个见面盘问。邹德军表示,这对员工的心理产生了极大的影响,他们中的许多人因为听信了公司要破产的谣言而辞职。这让他不得不花费更多的精力去和公司骨干交流,甚至许诺提前支付 5 年的薪水,劝他们留下来。

走到这一步,并不是邹德军能预料的,因为对资本市场毫无了解的他,根本就没有想过公司上市的事情。4 年前,当地地方官员极力鼓动绿诺科技上市——中国官员的政绩单里包含这两项重要内容:招商引资必须要达到多少,必须有多少上市公司。

在官员们的推荐下,邹德军接触到了香港和美国的几家中介机构,并和它们签下上市意向书。这些公司听上去名声都很大,如“道格拉斯公司”,而之后他才知道这些都是小公司。

这些资本掮客们竭力鼓吹在美国反向并购、买壳上市的好处——费用极低,融资很快,也同时强调自己技术熟稔。在最近几年,这类手法已经成功将几百家类似于绿诺科技的中国企业送到美国资本市场。

作为一个从底层劳动者打拼出来的创业者,邹德军对资本市场几乎一窍不通,他也只能对中介机构如实说:“你说的我都听不懂,但你是朋友介绍过来的,那咱们就是哥们,就照你说的做吧。”随后,在它们的操作下,绿诺科技采用“反向并购”的迂回方式,买入美国 OTCBB 的一家壳公司并实现上市。

牵头的财务顾问公司向邹德军介绍包括审计师事务所、投资者关系公司等整个链条上的服务机构,那些审计所和律师所听上去也都很大牌,结果一见面发现全是美籍华人。为绿诺科技出具审计报告的会计师事务所,来到中国办公室里第一件事情是收几十万美元,再予以签字——这家声名狼藉的会计师事务所后来在漩涡中推卸责任,并进一步把绿诺科技推向深渊。

确实,从外界来看,上市是一个值得炫耀的里程碑。但对掌舵者来说,意味着更多的责任和忙碌。邹德军得面对无数蓝眼睛高鼻梁的外国投资者,每个月都必须飞美国一趟,会见投资者。为了省钱,邹德军和其高管团队一般都坐公务舱去,一飞十几个小时,落地后后腿都肿了。在这些国际航线上,邹德军发现坐头等舱的都是些投行和律师——在过去5年愈益蓬勃的中国概念股上市的业务中,最大的受益者也是这群人。

每个月邹德军要在美国开三天会,再加上路上的时间,一个月一周的时间邹德军都花在和投资者交流与倒时差上,他经常忙得连吃饭的时间都没有,所以每次都带一箱方便面去美国。尽管十分不愿意去国外参加投资者会,但邹德军被告知他必须得去,不去股票就要跌,投资者就会认为绿诺对股民不重视或者企业本身有问题。

即使回到国内也没得清闲。过去两年,中国已经成为全球投资者的应许之地,每周都会有投资者来中国开会。投资者和中介机构过来拜访时,没有哪一家邹德军是可以不接待的,否则分析师又要写报道说绿诺科技不行了。

从OTCBB市场转至主板时,绿诺换了一波中介机构。邹德军当时根本不懂怎么找律师和审计公司,都是美国投资者介绍过来的。在上市后,绿诺科技也被指两年内换了4个首席财务官——这是因为在很长时间里,它们通过猎头、朋友和投资者等各种关系,却发现找不到一个熟悉美国资本市场且愿意待在绿诺科技这座城市的财务总监。

2010年第一季度,绿诺科技毫无悬念地创下销售业绩的新高。相比2009年同期增长三成多,股价也冲到了历史最高位。然而让邹德军没有想到的是,在表面繁华之下,绿诺科技的危机正在集聚。

对华尔街的股票做空者来说,高股价的小盘中国概念股一直是其梦寐以求的狩猎对象。几乎毫无预知的,当邹德军还在美国参加董事会的时候,浑水就发布了一篇针对绿诺科技的报告,称找到了地方税务部门2009年的纳税证明,发现公司夸大了营业额;同时称给几家客户打了电话,发现绿诺科技的客户及合同根本不存在。

浑水公司看似无懈可击的报告让投资人产生了恐惧,并导致绿诺科技股价在随后的一周暴跌,截至主动停牌时,已经跌去了60%。交易所也于此时下发了退市通知,称除非绿诺科技能拿出令人信服的证据,否则公司将被直接摘牌退市。

邹德军当即明白有做空机构盯上了绿诺科技。看到报告那天,邹德军立刻订了最快的一班飞机回国。这时他的电话已经被打爆了,股东、律师还有家人,都在问出了什么事,因为国内谣传邹德军已经被扣在美国了。

浑水公司是一家营利性机构,它向投资者出售研究产品及服务。更重要的一部分收入来源,则是它每次发布看空报告前,就已经做空这一股票,待股价下跌后再平仓获利。在这一年里,浑水公司通过猎杀多家公司成为华尔街的明星企业。

让人感到吃惊的是,在做空绿诺科技时,部分中国企业甚至落井下石。从浑水公司的报告中,邹德军一眼就看出了浑水背后有绿诺科技国内最大的竞争对手的身影,这也让邹德军感到非常愤怒。

告诉浑水公司通过税收证明来判断绿诺科技的营业额,邹德军认为应该是其竞争对手的杰作,因为这显然能让税收政策与中国迥异的美国投资者相信。邹德军解释道,在国内,税务局如果看到企业今年纳税任务已经完成,则允许今年营业额的部分税款暂缓上交,放到明年再缴纳,这是很常见的一种做法,为的是避免下一年度更重税收任务的财务安排。另外,从企业自身经营角度而言,如果企业上一年度流动性不充裕,可以延缓到下一年度缴纳税款。浑水将这个中国特色的税收处理方法当成最锋利的武器,刺向了绿诺科技。

然而,压垮公司的最后一根稻草,是绿诺科技审计公司的报告。在主动将股票停牌的 4 天后,那家每年收取绿诺科技近 30 万美元费用的审计公司,把电话会议录音提供给美国证券交易委员会,并称绿诺在电话里承认了造假,其中部分客户合约子虚乌有。

这些合同并非虚构,而是跟客户签订的框架协议。邹德军曾经在过去一再跟这家公司强调,框架协议的执行还存在一定的不确定性。但这家审计公司说只要是协议就有效,可以计入报表。不过在遭到投资者质疑时,却矢口否认这些合同的合理性。随后,邹德军就接到了退市通知——在这轮与资本空头的鏖战中,他坐了一回人生的过山车,最终以完败收场。

在过去两年时间里,他也没有卖过一手股票——因为不懂,也没有人帮他作参考。所以很多人说邹德军拉高股价实现高位融资,这让他感到很委屈。邹德军觉得自己是资本市场上就是无知的羔羊,被空头们盯上的羔羊。

退市给绿诺的日常经营带来了巨大损失。2010 年他跟一个客户谈定了一个 8 亿多元的项目,可后来,客户开始犹豫要不要与邹德军签合同。因为

他开始担心，如果把预付款给邹德军，若他干到一半企业倒闭了怎么办？

几个月后，美国资本市场上中国概念股泡沫彻底破灭。中国高速传媒、中国教育集团、中国绿色农业……众多"羔羊们"被空头一一猎杀。在过往5年，中国新股上市的业务愈加蓬勃，绝大部分都是真实可信的公司。当然，也会有一些害群之马存在。只是无论如何，最终获益的，并非企业本身。

通过这次危机中和一些审计公司的接触，邹德军吃惊地发现在美国，官司是能把企业拖垮的。遭到投资者质疑后，邹德军花了大价钱找来几家国际大行做调查报告，希望能帮绿诺正名。这些调查机构声称能够在45天内调查出来，却前后审计了3个月，每拖一天就意味着邹德军要付出更多的服务费用。当邹德军已经为此付出了1000多万美元服务费时，它们还在张口要，而且一张口就是500万美元——而绿诺在资本市场的这些年，总共融资才1亿美元。

之后，有几个美国律师给邹德军打电话，说愿意免费帮他打官司，他想都没想就挂了。旧时江湖已远，邹德军早已置身于外——他对重新上市已经不抱幻想了。这么多年的浮浮沉沉，他认为做实业的人就应该离资本市场远一点。之后，邹德军经常看《华尔街风暴》、《华尔街不相信眼泪》这几本书，这些书描述的公司跟他的经历有些相似。越看邹德军心里越郁闷，并悔不该当初。

邹德军感悟道："中国企业要在美国上市，一定不能找短线操盘手，它们会把你害死，一定要找长线投资者和服务商。"被做空的中概股企业家之间都会有交流，邹德军如是告诉那些企业家："把心态稳住，量力而行，如果想继续在美国资本市场上待，企业得拿出超过1000万美元的资金作预备，把审计公司和律师所的关系处理好;否则还是安心发展企业吧。"

浑水袭击中概股的第三弹——中国高速频道

中国高速传媒控股有限公司(PINK:CCME,下称中国高速频道)的前身是福建分众传媒,成立于2003年,主要业务是利用城际巴士车载电视做媒体广告,是目前中国最大的巴士车载电视媒体,覆盖全国35座一级城市,辐射316座二三级城市的4000多条客运主干线,拥有近23000辆城际巴士、机场巴士、旅游巴士车载电视独家广告经营权。

此后,中国高速频道开始谋求通过借壳上市的方式赴美上市。上市时,高速频道的审计机构是一家位于美国丹佛的只有10个会计师的小型会计师事务所。2010年,德勤顺利出具了中国高速频道2009年审计报告,报告显示当年净利润达4200万美元。在这份财报的数据支持下,2010年6月,中国高速频道顺利转板纳斯达克,每股发行价为12美元。

转板成功两个月之后,中国高速频道便开始遭到质疑,传言称中国高速频道存在非常严重的业绩造假行为。

但事实上,在其遭到业绩造假的质疑之前,中国高速频道在美国资本市场深受好评。首先是因为美股投资者推荐其是中国最大的长途巴士广告经营商,中国高速频道也获得了国际知名的专业投资公司CV Starr参股,并且在其转板的时候德勤还是它的独立第三方调查和审计。转板成功的2010年,该公司还被《福布斯》评为最具潜力公司榜首。

但是一切都被终结于2011年1月30日,做空机构香橼对其的质疑使得其业绩造假的行为公之于众。当日,香橼发文指出,在全球金融危机的大背

景下，广告行业都业绩低迷，而在 2010 年，专门做中国二三线市场广告业务的中国高速频道的业绩居然好得令人意外，甚至要高过中国国内行业老大华视传媒——要知道，华视传媒拥有比其更多的业务量。而中国高速频道的销售人员在 4 年里几无增加，其收入却增长了 20 倍。当日中国高速频道股价暴跌 14.48％，浑水迅速跟进。

浑水指责的主要论点是，中国高速频道在提交给美国证券交易委员会的转板申请中，声称其"大约有 5.5 万～6 万块广告屏幕，而华视传媒则有大约 12 万块"，但在 2010 年第二个财务季报里，华视传媒的营收为 3100 万美元，而中国高速频道则高达 5300 万美元，业绩增长有点不合逻辑。华视传媒的屏幕主要在以北京为代表的核心城市的公交车上，而中国高速频道的广告屏幕主要是在国内二三级城市的公交上，业绩夸大嫌疑一目了然。

2011 年 2 月 7 日，中国高速传媒回应浑水报告，并没有改变公司股价大幅下降的颓势。3 月 2 日，浑水发布第二篇报告，再次给出中国高速传媒夸大旗下运营巴士数量的有力证据，其中包括与中国高速传媒一名内部员工的通话记录。中国高速传媒的股价再次狂跌。3 月 11 日，德勤辞去审计职务，中国高速传媒股票交易被暂停，财务总监杰克·莱曼亦宣布辞职。3 月 18 日，中国高速传媒的重要董事之一董颖也辞职。

2011 年 5 月 19 日，中国高速传媒公告宣布接到纳斯达克摘牌通知书，股票转至粉单市场恢复交易。纳斯达克方面表示，停牌的重要原因，是其拒绝配合审计机构德勤审查其银行账户，导致德勤辞审，再导致财务总监、董事等先后辞职。此后，粉单市场上的中国高速频道股价继续下跌，最终在 2011 年 11 月退市。

中国高速频道业绩造假,主要是发生在转板时。公司必须要有一个良好的业绩支撑,美国证券交易委员会才能通过。而对于财务公司的过度包装,负责审计的德勤在早期无疑也是睁一只眼闭一只眼,没有发现或者直接参与到公司的包装中,一旦发现问题后,立刻辞去业务,撇清关系。

事实上,在浑水成功袭击绿诺之后,借壳上市的公司为了成功转板,纷纷更换此前的审计事务所,转而聘用德勤、普华等四大会计师事务所。在美股市场,由于四大会计师事务所做的审计具有权威性,比如,高盛要接转板的承销,最基本的前提之一就是审计必须要是四大会计师事务所做的,所以这些公司在这波质疑声中,纷纷聘用这四大会计师事务所作为自己的审计事务所从而提高自己的公信力。

浑水因猎杀 4 只中概股——东方纸业、绿诺科技、多元环球水务和中国高速传媒而名声大噪,其中三家已经被交易所停牌或摘牌。随后,浑水以同样的方式,成功做空了与中国高速传媒一样通过聘请德勤等四大会计师事务所帮助其掩盖业绩造假罪名的多元水务和以 IPO 方式赴美上市的东南融通。之后浑水又成功做空了嘉汉林业,却在袭击展讯通信和分众传媒时失手。这些将会在下章为读者讲述。

最执著的做空者莱福特

与专业性和严肃性极强的浑水相比,入行更久的香橼则显得俏皮和非专业得多。因为连续 6 次发布研究报告做空奇虎 360 次次未果,从第一次奇虎 360 的强烈反击,到市场懒得回应,香橼屡战屡败、屡败屡战仍不放弃而被评为最执著的做空机构。

安德鲁·莱福特,1969 年出生,是香橼研究公司的创始人。

2011 年,多家做空机构猎杀了 46 家在美国上市的中国公司,令它们被迫退市或停牌。如今,在所有第三方做空机构中,香橼和浑水齐名,排在战绩最为辉煌的前列。

香橼此前不光盯着中概股,也有别的美国本土股票,一共发布了上百份的做空报告,其中包括近 20 家中国公司,名列其中的有中阀科技、中国高速频道、斯凯网络、双金生物、东南融通等,其中 15 家公司股价跌幅超过 66%,7 家已经退市。

与浑水的布洛克相比,莱福特虽然名声稍逊,且风格相对活泼,但是实际上入行更久。大学毕业便加入金融行业的莱福特其实前期的履历非常平凡,甚至有污点。

毕业于美国东北大学政治系的莱福特,22 岁大学毕业后便进入一家期货公司,进行电话销售。但是此后不久,这家公司就被美国期货协会(National Futures Association,简称 NFA)禁止营业。作为该公司员工,福莱特也被处禁入该行业 3 年。

大学毕业后的第一份工作,只干了 8 个月就被禁止营业,这对于任何想要在金融行业深耕细作的人来说,都不是太光彩的经历。而美国期货协会当时的处罚报告认为,莱福特发布虚假和误导性的信息以欺骗甚至诈骗客户,其行为违背了公正和公平交易原则,禁止他 3 年间与 NFA 成员有任何联系,命令他接受道德培训课程等等。

换过几份工作之后,莱福特在事业上并没有取得成功,政治系专业毕业的他,开始研究起股票。2001 年,莱福特建立了一家博客网站,专门发布做空公司的研究报告。喜欢研究的莱福特一直都在做空股票,通过这个途径他也慢慢完成了对自己的专业培训。一开始,莱福特的视野都放在美国本土,一直集中于研究被高估的美国本土股票。

2007年之后,他开始研究中概股,并发现很多中概股的业绩好得几乎让人难以置信,遂开始写一些关于中概股的做空报告。莱福特将目光瞄准中概股,从2007年的默默无闻到2011年终于在中国打响名气,非专业背景出身的莱福特5年里被起诉过4次。但是,与浑水一样,莱福特同样不怕被起诉,自从发现中国概念股公司的问题后,莱福特就开始了一个接一个的质疑,而且弹无虚发。

从未在华尔街工作过的莱福特,没有金融方面的高学位,但是他做这行已有10年,发表专栏文章有160篇。在接受笔者采访时,莱福特一直在捍卫自己研究报告的专业性,但在不经意的交流中,又会露出破绽。2011年年底,莱福特正在陆续发表做空奇虎360的报告。作为一家互联网的公司,莱福特发表的报告专业与否暂不作评论,笔者就其研究团队如何构成询问莱福特时,他支吾着说,帮他做调查报道的团队是他从网上找的一些在京大学生,而大学生们对莱福特报道的用途如何都毫不知情。

莱福特的研究报告,以简洁俏皮著名,每页文稿上,基本上都能见着一颗黄色柠檬的身影。且报告非常简短,他说主要是因为每次的项目招募团队、实地调查,其实都是一件非常耗钱的事情。浑水的报告与大多数调查报告相比,显得专业和深入,主要是因为浑水资金充裕,它们团队的实力要强很多。

浑水每篇调查报告的发布,都会在报告抬头的地方注明这些调查团队

的组成及来历,有律师、税务师、企业界高层、审计师等。说是团队,实际上都是临时拼凑起来的项目合作者。不过,没有固定的员工、固定的办公场所,已然是这些做空组织的共同特点。

在顺利做空几家公司并大赚一笔之后,2011 年年底,莱福特接受笔者专访时表示,做空已经不能为他带来更多的收益了。他说做空中概股已经触碰到了天花板,中概股就这么几家,做空机构太多,大家经常互相争抢标的。而且仿佛现在资本市场对做空报告的反应都相对冷淡了,未来他将考虑发表一些做多中概股的报道,目前正在研究新浪,莱福特觉得它的成长性非常好,但是,对声称要开始转型了的香橼来说,其目前最大的特点,仍然是做空。

之前一直做空美国公司的香橼,将自己的阵地放到中国公司后,莱福特屡屡得手。他其实并没有太多的信息优势,而将其原因归为中国公司普遍非常大胆。由于地理位置相差悬殊,中国企业自认为只要将公司的经营故事讲给投资者听就可以了,美国投资者不会作太多的实地考察。莱福特认为,研究美国公司,需要很多的核心研究方式,因为美国公司一般都非常严谨,而中国企业普遍缺乏常识,所以做空中国公司,只需要用常识就可以了。

做空中概股,香橼最引以为豪的是其 3 个月内,从质疑东南融通涉嫌造假,到东南融通全线溃败,最后从纳斯达克退市的经典案例。而东南融通又于 2011 年 8 月 17 日,在停牌整 3 个月后正式退出粉单市场。

莱福特的做空业绩

厦门东南融通在线科技有限公司(简称东南融通)于 1996 年在厦门成

立,是中国领先的金融 IT 综合服务提供商。2007 年 10 月 24 日,东南融通正式在纽约证券交易所挂牌,交易代码为"LFT",成为第一家登陆纽交所的中国软件企业。IPO 发行价为每普通股 17.5 美元,成功融资 1.826 亿美元。高盛和德意志银行为其主承销商。

东南融通最先被香橼注意到,是因为其业绩实在是好得惊人。东南融通的财报显示,其 2007—2010 财年的毛利润率分别为 68.6％、61.1％、65.7％、62.5％,其利润率远高于同样在美国上市的文思信息、软通动力、海辉软件、柯莱特等同类企业。因此,东南融通做假账被业界当作公开的秘密。有做美股的研究人员感叹,同样的国内客户和项目、更低的合同中标金额、更高的员工待遇、同样的实施周期,竟然有着比其他公司高出 50％ 以上的毛利率。而这也引发了香橼对东南融通最初的质疑。

2011 年 4 月 26 日,香橼披露三个疑点,对东南融通提出质疑。摘录如下:"疑点一,主要管理层背景存在污点。在成立东南融通前,公司董事长贾晓工和首席执行官连伟舟在一家叫做厦门东南电子计算机公司的企业工作过。他们在招股说明书中轻易地略去了此段经历。略去这段经历的原因可能是他们被此前工作的公司起诉不正当商业竞争,两人在官司中败诉。疑点二,利润率涉嫌造假。香橼研究称东南融通 60％～65％ 的毛利率远高于文思信息、海辉软件、软通动力等海外上市的同行,其惊人的利润率水平值得怀疑。疑点三,员工聘用。东南融通被质疑大部分员工都不是公司直接招聘。截至 2010 年 3 月 31 日,东南融通有 4258 名员工,其中 3413 名员工(约占八成)都是通过第三方人力资源企业招聘的。"

香橼发表文章的当天,东南融通股价大跌 12.92％。而且,由于它不善

于危机处理,在投资机构和媒体最希望与其管理层进行沟通的时刻,东南融通在次日却表示暂不对猎杀事件发表评论,致使其股价继续暴跌20.28%。4月28日,按捺不住的东南融通火速召开电话会议回应猎杀事件,并将股票回购规模从5000万美元提高至1亿美元。5月3日,东南融通财务总监迫于压力辞职。5月中旬,东南融通的审计公司德勤宣布辞审,称该公司的银行存款和贷款余额、应收账款等财务信息存疑,东南融通管理层某些成员故意干扰审计工作,甚至非法扣押审计文件。

2011年5月23日,纽约证券交易所中国上市公司东南融通公告称,美国证券交易委员会正对其展开调查。7月1日,东南融通独立董事兼审计委员会主席 Thomas Gurnee、独立董事兼审计委员会成员 Zuyun Xue 和 Yifeng Shen 三人以电子邮件的方式提出辞职,至此,其管理架构已不再符合上市要求。7月28日,东南融通递交给美国证券交易委员会的文件显示,公司于7月26日的确已经收到纽交所监管部门的警告信,称其已经不符合继续交易的条件。8月16日,东南融通正式摘牌。8月17日,东南融通退至粉单市场交易。如今,东南融通已经沦为一家空壳公司。

香橼此次做空东南融通几乎未费吹灰之力,也使得东南融通成为中概股中第一家被质疑的纽交所主板上市公司。只因东南融通急于发展业务,将毛利与纯利做高,获得投资人的认可,提高股价再做并购,资本市场对此作出反应,股价再被推高,若再做增发那么相同股份获得的融资将更多,那么可以再将这些钱拿去并购。据了解,东南融通融资的很大一部分都用于并购了,从最后的结果来看,东南融通试图用并购带来的营收高速增长,来掩盖其净利润率谎言。在香橼的狙击下,东南融通的财务谎言终于不攻自破。

除了业绩出奇得好的中概股之外,与浑水一样,做空借壳上市的股票一直是香橼非常好的标的。而做空上海双金科技(NASDAQ:CHBT),莱福特确实只是用了最基本的常识。2010年9月1日,莱福特撰写了一篇《上海双金生物科技:门店在哪里?》的调查报告,质疑上海双金生物科技名为门店数量的真实性。

公开资料显示,双金生物是一家生物医药保健品生产企业,于2008年10月23日通过反向收购在纳斯达克上市。根据双金生物官方网站上的信息显示,双金生物和美国合作建立的中国首家益生菌专卖连锁机构,在上海已开50家连锁专卖店,并在全国形成了近百家专卖连锁店的运营模式。莱福特认为这是中国企业惯用的欺诈行为,在双金生物的案例中,其声称自己的店铺达到了130家,但是如果直接在百度上搜索,会发现这家公司只有四五家店铺。

除了虚报门店数量之外,莱福特发现双金生物的财报也疑点多多。根据其2010年年报显示,截至2010年3月31日,公司营收为8100多万美元,亦近5.5亿元人民币。而同行中比较大的企业包括美国杜邦收购的丹麦公司丹尼斯克和葡萄王,这些企业在国内都有分店,它们都声称并没有见过太多双金生物的产品上市。

让事情更加糟糕的是,双金生物于2010年9月30日邀请投资者参观公司以澄清质疑,参观者之一Sean Wright在网站Seeking Alpha上发文《中国生物:投资者日到底发生了什么》,并引述双金生物董事长宋锦安的话称,双金生物已经为包括伊利、蒙牛、光明在内的中国大型乳企提供益生菌产品,但是伊利矢口否认双金生物是其供应商。

2011年6月22日,上海双金生物科技有限公司的独立会计师事务所BDO Limited以调查双金生物、对方不给予积极配合为由递交了辞职信。双金生物于2011年6月收到了纳斯达克的信函,表示该公司目前的情况已经不符合交易所的上市条件。

之后,和浑水一起成功狙击完中国高速频道之后,深知做空以借壳上市小盘中概股已经没有市场的莱福特,将触角伸向了优质中概股奇虎360,而这一对决来来回回进行了6轮。从周鸿祎团队一开始积极应战,到认为莱福特狙击实在不专业,懒得去理,莱福特将自己在袭击借壳上市中概股时好不容易积累起来的信用击碎一地。尽管莱福特的报告在周鸿祎看来,实际上毫无专业性可言,但是这照样不影响莱福特通过发布做空奇虎的报告赚钱。

从2011年11月起,香橼开始专盯奇虎360,并称奇虎360已无限接近美国证券交易委员会的财务调查,望投资者务必谨慎。在香橼6次发布唱空奇虎360的报告过程中,前4次均造成奇虎360股价下跌。

在接受笔者采访时,莱福特表示,对奇虎360的注意,同之前的标的选择标准一样,都是出于常识。喜欢研究财报的莱福特发现,在奇虎2010年财报中,新浪与搜狐的收入增长都保持在23%左右,且业务多元化,处于行业领头羊的地位。但是奇虎的收入在2010年一年的时间内却增长了400%,其高速的增长,在美国并没有找到与之相同的商业模式。互联网杀毒软件免费的模式,怎么可能盈利?这是莱福特对奇虎360发出的最早的疑问。2011年11月1日,香橼开始将矛头第一次指向了奇虎360,但是直到2012年8月,香橼连续6次对奇虎的狙击,都没能成功。

EOS 基金双重牟利：先辅助上市再做空

一名中国证监会前官员曾经坦言，其实在中概股上市、被做空的流程中，充当掮客，骗人最多、最狠的，还是华人。当中概股名声败坏，借壳上市路径被封堵之后，这些闲下来的中国人，眼见一些如浑水、香橼在内的非主流机构，能够通过做空中概股的方式大赚一笔，而掮客们原本对被自己亲手运作上市的中概股的真实财务情况最为了解，这时，加入做空阵营，做空之前自己运作上市的中概股，便成了它们后续的工作。

其中非常典型的代表就是一家叫做 EOS 的基金，这家基金在两年的时间里，用 Alfred Little(AL) 的化名，利用自己创立的 IFRA 研究机构，连续发表了对 15 家中概股的看空报告，并用自己的基金建仓盈利，而其中的多家，正是自己早前做上市服务的企业。

EOS 是一家注册在美国的名不见经传的小基金管理机构。其官网上介绍，EOS 将主要的精力集中在为包括中国在内的小型和中型公司提供第一轮和第二轮融资服务。其官方网站还称，近年来已经投资了 25 家公司。EOS 基金的高管，半数是美国白人，半数是华人。中国区 EOS 基金的发起人乔恩·卡恩斯(Jon R. Carnes)，2004 年将 EOS 基金带进中国，且当时半数高管常驻中国。

EOS 基金并没有在中国内地进行工商注册，其在中国市场开展投资活动的实体是注册于香港的 EOS 亚洲投资公司，并由 EOS 亚洲在成都、上海、北京等地租用虚拟办公室作为对外发布地址，成都是其主要基地。

近 6 年来，EOS 投资的多家公司，包括四川治权特种水泥、哈尔滨三乐

源、中国专家科技公司、大连博氏集团等，都遭到了做空机构的袭击。EOS在接触这些公司的时候，它不仅是投资者，还是上市顾问，组织并监管投资过程的每一个环节。EOS背后还有一个庞大的基金群。在投资治权水泥时，著名投行美林公司跟投3000万美元，云月基金跟投500万美元。

西安索昂科技的投资者伊扎特(EZZAT)，是银石资本(Silver Rork Capital)高管，而银石资本也有EOS背景。2008年银石资本前往索昂科技考察投资时，总裁是乔恩·卡恩斯(Jon R. Carnes)，而EOS总裁也名为乔恩·卡恩斯(Jon R. Carnes)。此外，银石资本的简介与EOS的公开资料也完全一致。2011年9月，遭到AL做空的希尔威董事长冯锐在调查后发现，原来发布做空报告的AL的背后就是EOS的原班人马，只是马甲不同而已。

在这场大猎杀中，隐秘的EOS因其难以回避的角色冲突而备受争议：一方面它是25家中国公司的投资人，另一方面这些公司中的一些已上市中概股却又"巧合"地被做空。

EOS官网公开的5家已投资公司中，有3家上市，但均股价低迷，且这些上市的企业，也在之后遭到质疑。中国教育联盟集团(NYSE：CEU)在美国纽约证交所上市，2010年11月，一家投资机构Kerrisdale发布的一份研究报告中将CEU评级为欺诈，CEU被纽交所摘牌退至粉单市场。中国风能技术(NASDAQ：CLNT)在纳斯达克上市，2011年11月7日，CLNT因公共所持股票的市值未达到纳斯达克上市要求而收到退市警告，该公司普通股随后从纳斯达克全球市场转板至纳斯达克资本市场以避免退市。

EOS在中国的投资项目远不止上述这些公司，在它未披露的公司中，有多家受到AL或其他做空者攻击，中国清洁能源(OCT MARKETS：SCEI)

就是其中一例。这是资本市场上中概股被做空的一个著名案例,而 EOS 其实隐身其中。

中国清洁能源官网的公司新闻中,一条发表于 2008 年 3 月的标题为《银石资本(Silver Rork Capital)考察索昂科技》的消息(索昂科技是 SCEI 前身)称:"2008 年 3 月 10 日,银石资本总裁乔恩·卡恩斯先生及亚太投资经理 Beth Liu 女士一行抵达西安对索昂科技进行了考察和访问。"这条消息中对银石资本的介绍与 EOS 历史完全一致:由乔恩·卡恩斯于 1992 年成立,最初命名为 CIG,2001 年更名为 JCAR,2004 年启用新名称 EOS。

随后银石资本也确实投资了 SCEI,SCEI 在 2008 年提交给美国证交会的 8-K 表格文件显示,银石资本曾持有 281931 股 SCEI 股份,占总股本的 1.66%。

2011 年 5 月,AL 发布看空报告,指称 SCEI 董事长任宝文靠制造"中国的庞氏骗局"从中国投资者手中诈骗了 2000 万美元。SECI 此后一蹶不振,而银石资本是在 2010 年下半年做空之前退出,从入股价格和退出价格看,银石大概能赚 3~4 倍。同样的经历也在另外几家被投资公司中出现。这几家公司目前大多已转至粉单市场交易,股价在几美分左右。

曾任 EOS 合伙人和常务董事的周鸿荣,是 EOS 所投资的鸿利煤焦的特别顾问,他还是中国高速频道和江波制药(PINK:JGBO)的独立董事。后两家公司均成为中概股被做空的典型案例。

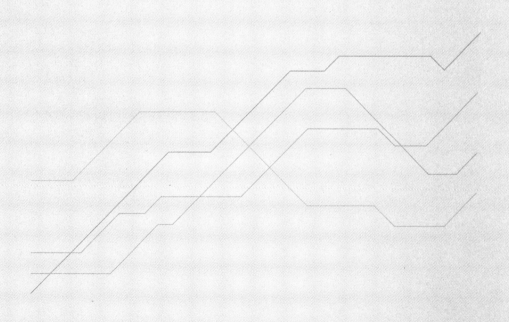

Chapter 3

转战优质中概股　做空机构的滑铁卢

与指控一些市值较小的公司相比，做空一家市值近 50 亿美元的大公司要困难很多，而"浑水们"自 2011 年年底以来，将做空标的从东南融通、嘉汉林业、东方纸业等转向分众传媒、新东方、奇虎 360，这一年多来，"浑水们"正在一点一点地消耗掉之前做空小公司所慢慢积累起来的名气。虽然不可否认，它们也都在获利，但是其对信誉的透支，将会让做空中概股越来越难。

早期，做空大量的借壳上市、存在严重财务造假问题的 40 余家中概股，"浑水们"屡战屡胜的战绩自然为它们吸引了不少人气，同时在资本市场上也积累了良好的信誉。但是，这样的做空标的毕竟有限。目前在美国以借壳上市方式挂牌的企业不到 100 家，而且大多数市值非常小，股价也低，已经失去了做空的意义和价值。2011 年年底，当时正在艰难做空奇虎 360 的香橼创始人莱福特在接受笔者专访时就表示，做空这种借壳上市的中概股已经走到了尽头，接下来，香橼将会考虑做多一些优质的中概股。而与此同时，浑水则在做空分众传媒之后，整整半年都在寻找合适的做空标的。

如果说 2010 年到 2011 年，是做空中概股的机构成绩斐然、得到众多喝彩的一年，那么 2012 年，"浑水们"选择的做空标的以及发布的做空报告的非

专业性,则让它们将前两年积累起来的信誉毁于一旦,几乎到了人人声讨的地步。时隔半年之后,浑水将目标瞄准了优质中概股、市值近30亿美元的新东方。浑水在新东方因美国证券交易委员会调查其 VIE 结构调整的关键时刻,发布了质疑新东方财务造假的长篇文章,并声称已经在6个月前就开始安排"间谍"对新东方进行了调查。不过,其最后的质疑点,都被新东方及时且有理有据地一一驳回。此次做空,浑水被外界贴上根本不懂会计的标签。虽然新东方在做空期间股价几近腰斩,确实让浑水以及其背后的对冲基金赚得盘满钵满,但是其信誉被透支的后果,必然是使得其之后做空报告的严肃性和专业性大打折扣。

香橼在2012年,则继续锲而不舍地狙击奇虎360,在连续发布了6份做空奇虎的报告之后——所谓言多必失,其对中国互联网的不了解,在这一份份的做空报告中表露无遗,做空奇虎市场反应平淡。接着执著的香橼开始用做多搜狐的方式来继续看空奇虎,在其报告发表之后,由于其报告充满低级错误,中国互联网界一片嘘声,并引发中国互联网界和资本界的强烈不满。中概股斗士李开复开始对香橼等做空机构进行大力的反击。他联名中国60位资本市场的企业人士,向香橼发出挑战。李开复、周鸿祎等60多位中国商界人士认为,香橼等做空机构将害群之马打得差不多以后,将攻击目标对准那些没有任何问题或只有极少问题的合规公司。

至此,这些做空中概股机构们的信誉和名声荡然无存,其欺骗、无知和伪善的一面表露无遗。

浑水失手展讯通信

浑水之前选择的标的一直是通过借壳上市,再转板成功的中国企业,屡试不爽之后,将目光放在了通过 IPO 直接上市的展讯通信有限公司身上。2007 年 6 月 28 日,芯片制造商展讯通信(SPRD)登陆美国纳斯达克股票交易市场,发行价每股 14.53 美元。

浑水注意到展讯通信,主要是展开通信在融资 4400 万美元前夕,公司财务总监离职了,并更换了审计机构,而敏感时期的机构和高管变动一直都是浑水寻找标的的标准之一。2011 年 6 月 28 日,浑水在其博客上公开向展讯通信首席执行官李力游提出 15 个疑问,要求展讯通信解释有关融资、内部高管离职、审计机构更换以及市场增长情况等问题,意在质疑展讯的财务状况。当天,展讯股价急速下坠,当天盘中最大跌幅达 34%。

狡猾的浑水与以往一样,发出公开信质疑做空公司的时机总是选择在北京时间凌晨,并且在浑水发出公开信的一个小时内,国内的网站也根本打不开,使得被做空企业无法立即回复投资者和对浑水进行反击,虽然很多长线投资者也选择在这个时机买入,但依旧挡不住下跌的趋势。

但是,与之前不熟悉美国资本市场规则的民营企业家任人宰割不同的是,浑水做空展讯通信,可谓是棋逢对手。李力游及时回复称展讯通信的内部控制体系及管理框架均是按照美国法律所要求的模式构建,不存在虚假的问题。"我们的账目都是透明的,我本人在美国生活了 20 多年,对美国模

式很了解。浑水对展讯的质疑毫无根据,前任财务总监是在2009年董事会改组的时候离开,会计事务所从德勤更改到普华永道,两者都属四大,没有任何问题。公司处在健康的发展轨迹,不怕任何质疑。"

李力游当晚一直在电话中与投资人沟通解释,反驳浑水言论,当天美股收盘,展讯的股价下跌收窄到3.5%,而展讯当天的交易量达到了3700万元,换手率高达70%。有投资机构反映,当晚做空展讯的机构很多,做空股票走俏。迅速有力地及时回复之后,李力游当晚决定,第二天一大早就召开全球投资者电话会议,以再次稳定投资者情绪。此外,展讯针对此事件进行了股票回购计划和派息计划,证实了自己良好的财务状况以及表明了管理层对公司的信心。当天,展讯开盘即走高,盘中最高涨至14.40美元,最终报收于13.76美元,涨幅达10.17%。

棋逢对手的浑水,态度也逐渐变软。浑水在6月30日,即做空展讯两天之后,创始人布洛克首次公开承认,其公司对展讯通信的财务报告有误解。虽然浑水承认自己调查报告有误,但是其做空报告发表之后使得展讯通信股价大跌,浑水未必不是其中的受益者。

不过李力游表示,这次回应浑水的做空行动,让全球的投资者也更加深刻地了解了展讯的业务构成,更加增强了对展讯业绩的信心。

浑水瞄上新东方

浑水是在新东方发布公告称已经收到美国证券交易委员会关于其VIE结构调整调查函件的第二天,即2012年7月18日,趁机发布对新东方的做空报告的。

与以往一样,浑水又将发布报告的时间点放在了北京时间凌晨,是新东方高层和其他工作人员都在睡梦中的时刻。浑水一口气发布了近 100 页的报告,显然蓄谋已久,只等合适的时间来进行发布。浑水发布的报告,对新东方的三个方面进行了质疑,主要如下:新东方曾对外声明公司不允许有特许连锁加盟经营,但新东方存在大量的连锁加盟店,并从未披露;新东方过去报告的毛利润率超过 60%,有造假嫌疑;新东方经营的学校设施属于国家资产,对于合并资产的声明表示怀疑等。

浑水的指责中,最重要的要属第一条,关于财务欺诈的指责。新东方此前明确向浑水方面表示没有"特许加盟"一说,全部 650 个教学中心都是归新东方 100% 所有的,但是浑水在调查的过程中发现新东方在中国十几个城市有特许加盟业务。

2012 年 7 月 18 日,浑水的这则报告一出,新东方股价继前日暴跌 34.32% 之后,再次下跌 35%,报收 9.5 美元,股价创 5 年新低。两日,其股价就跌去 57.32%,市值大幅缩水至 14.7 亿美元。新东方董事长兼总裁俞敏洪 19 日紧急召集传媒并接受采访,并和全球投资者召开电话会议,对浑水的指责逐条进行有力的反击。

俞敏洪称,新东方旗下子品牌泡泡少儿教育,在过去的两年时间里,在国内部分三线城市授权开设了 19 家加盟学校,满天星品牌授权了 2 家。新东方财报中没有主动提及其子品牌加盟信息的原因是,这部分收入比例太低。不过,他也澄清,新东方的确也从来没有再提及"全部品牌直营"这样的信息。

其中 2010 财年,加盟学校贡献的以上两项费用总计 3.5 万美元,占总营收的 0.009%;2011 财年的数据是 24.9 万美元,比例是 0.045%。因为比例

非常低,且属于细化项目,季报中从不体现。

但是,这19家泡泡少儿子品牌的加盟店虽然营收占比很低,但新东方都没有进行任何这方面的公示说明,从财务的角度来看,这确实不太谨慎。事实上,中国公司在信息披露上的粗枝大叶,以最低标准作为自己的要求,常常成为做空机构寻找做空标的的机会。一些做账人员,常常会因为数额小、中美文化差异、写上去反而会被误解等原因,而将一些细枝末节在财报中省略,这也使得每家上市公司的财务报表都存在或多或少的问题,而这些省略的细枝末节常常会成为被做空的证据。

浑水发布的做空报告确实存在很多不专业的地方,例如,新东方聘请的审计机构是德勤,浑水认为,德勤此前审计的中国公司频繁出事,包括多元环球水务(DGW)、中国高速频道等,因此不值得信任。比如,浑水认为新东方的毛利率过高,同样在美股上市的学而思教育集团(NYSE:XRS)和安博教育(NYSE:AMBO)也存在一些危险的信号。财报业绩令浑水非常信任的上市公司是学大教育(NYSE:XUE),学大教育财报的总毛利率仅为29.5%。但是事实上,学大教育整体利润一直低于新东方等同类学校。这也显示出浑水对中国教育市场的不了解。

但是,浑水的诸多质疑条款也并非空穴来风,也反映出了其调查的力度。比如,关于新东方调整VIE的质疑,清理其他10个股东股份,调整并巩固VIE结构,通过无对价协议将股权100%转移到俞敏洪控制的实体下等。虽然俞敏洪表示这一举动是为股东利益着想,但这一事件发生前,公众并不知情。美国投资者普遍认为,中国概念股VIE结构缺乏透明度。虽未必违规,但确有风险。

　　而浑水针对民营教育机构身份的问题,连俞敏洪都感慨"浑水这个倒是抓到关键了"。民营教育机构的身份问题,是中国民营教育机构都面临的一个两难问题,就是处在企业和学校两个身份中间的模糊地带,但是这个不是企业自己能解决的。新东方在全国 40 多个城市拥有 600 多个教学中心,每个城市的税收情况都不一样,因为这"取决于和当地税收主管部门的沟通,有的给予了优惠,有的则没有"。

　　2012 年 7 月 19 日,新东方止跌,股价上升至 11.2 元,涨幅 17.89%,盘间涨幅一度高达 30%,当日成交量高达 4819 万股。从交易量上看,做空机构应该已经获利出逃。在新东方涨涨跌跌的过程中,浑水以及其背后的对冲基金无疑又已经大赚了一笔。此后,新东方高层又宣布了总价 5000 万美元的私人回购计划,股价开始回升。

　　10 月 1 日,新东方发布公告称董事会特别委员会已经完成调查,认为做空机构浑水此前提出的指控缺乏切实证据。浑水亦通过推特(Twitter)立刻回复,称新东方北京校区显然存在财务造假。新东方承认向 SEC 提交的文件中,采用了这些数据,并使得营收增加了 27%。浑水还质问新东方公告中谈到的 55 家学习中心和 21 家加盟学习中心的所有权问题。

　　与此同时浑水还将矛头转向了百度。"经常有人问我百度是否存在欺诈,我说:怎样才能阻止它们说谎,怎样辨别真伪,这取决于管理者的道德水平。百度 CEO 李彦宏是新东方董事会特别委员会的成员。再说一次,北京校区显然存在财务造假。对于李彦宏,请自行判断。"不过,百度目前市值近400 亿美元,以做空 10 亿美元以下的借壳上市中概股起家的浑水及其背后的非主流基金,能否撬动百度还是一个大问题,而此举也被认为是对市场的

试探。结果,浑水这种胡搅蛮缠的做法,并没有在市场上引起波澜。

2012 年 10 月 15 日,新东方发布公告,称通过和美国证券交易委员会交涉,美国证券交易委员会的公司财务部对新东方将 VIE 并入上市公司财务报表没有异议,对将新东方的学校并入新东方或者新东方在中国的子公司也没有异议。至此,新东方正式渡过了浑水劫。当天,新东方股价大涨 11%。截至 2012 年 10 月 20 日,其股价在 17 美元附近,较做空前的 25 美元仍然下跌不少。虽然,此次浑水做空成功牟利,但是其声誉却在中国急剧下降,严重透支了其早前建立起来的信誉。

香橼的恒大、奇虎劫

在 2011 年年底就声称会将做空阵地转向美股以外市场的香橼,在 2012 年 6 月 20 日晚间,通过其官方网站,发布了一份矛头直指恒大地产财务造假的长达 57 页的做空报告。该报告主要分为 6 个部分,指控恒大的内容包括:通过表外融资少报负债、虚构银行存款余额、因中国将实施新的闲置土地管理法而面临丧失土储的风险、集团主席许家印持有伪造文凭以及许家印投资足球队亏损等。

报告一出,2012 年 6 月 21 日,恒大股价开始暴跌,在当日以 4.48 港元/股开盘后,其股价在上午 10 时之后大幅下跌,午间收市即急挫 19.6%,市值蒸发了约 132 亿港元。而恒大的反应也非常迅速,午间休市期间,恒大火速发布澄清公告,并随后紧急召开全球电话会议,超过 60 位内地和海外投资机构的代表,参加了恒大组织的电话会议。许家印在广州恒大总部亲自坐镇,回答投资者提问,他一开场便情绪激动,"这些人是在造谣! 这是抢劫的行为! 我们会动用法律手段去解决问题! 香橼肯定是个皮包公司,要是按照中国以前的法律,是要被枪毙的!"

许家印回应香橼质疑恒大财务造假时表示,一个上市公司账上有多少现金,都有会计师事务所在审计,不会是虚假的。而对恒大不规范的土地收购可能导致土地被要求归还政府的指控,许家印表示,这个报告完全是造谣。这么大的龙头企业,买地是违法的,这怎么可能呢? 对于香橼称恒大投资大笔资金搞足球队的指控,许家印称恒大做足球除了可以提升品牌价值之外,等球员以后升值了,仍有钱可赚。恒大次日的迅速反击,再加上许家印对香橼的高调痛骂为自己增长了士气,其股价一度从低位恢复到 4.2 港元。但当天,恒大股价仍收报 3.97 港元,跌了 11.4%,一天之内,市值蒸发了 77 亿港元。

6 月 22 日,恒大又迅速在港交所发布了第二份长达 9 页的澄清公告,对香橼的指责进行了逐条批驳。许家印还亲自出席当日的恒大全球投资者大会,他对香橼等做空机构痛骂:"这是和平年代的战争! 它们是侵略者,是土匪,是强盗! 我们一定要彻底打垮这些掠夺者,捍卫东方企业的尊严!"这些内容也迅速占据了财经报纸的各大版面。而一直深受券商喜爱的恒大,在许家印的出位言论之后,也迅速收到包括花旗银行、德意志银行、美银美林、摩根大通在内的十大投行的力挺。许家印私人也趁机斥资增持恒大股份以表对恒大的信心。据悉,6 月 26 日至 28 日,许家印连续 3 天,以每股 3.956 至 4.066 港元的价格,共增持恒大 1790 万股股份,出资总额近 7200 万港元。

值得一提的是，为了成功狙击恒大，香橼还在做空报告中专门为恒大乇席许家印单独开了一个章节，质疑其学历和头衔。香橼质疑许家印美国西阿拉巴马州立大学荣誉博士学位以及其在武汉科技大学的求学经历，还有武汉科技大学的教授身份的真实性。香橼对许家印的这一指控被恒大回击。

香橼对恒大包括足球、董事长学历、拿地是否会被收回等的各项指控，使其对中国政治以及商业环境的不了解也跃然纸上。之后恒大声称会对香橼进行起诉，而香橼亦表示不会惧怕恒大，会陆续发表第二、第三份报告。但是，双方随后的这些交战都仅限于口水仗，并无实质性的动作。香橼此后在接受笔者访问时表示，注意到恒大，是因为其快速发展的态势和拿地时非常激进的态度，并有港股的投资人向其表达了恒大存在财务问题的可能性。

到 2012 年 10 月 20 日，恒大股价已经恢复，尽管该报告令香橼饱受不专业的质疑，但是同样不影响其与背后的基金通过此次做空恒大牟利。

恒大要起诉香橼，让香橼觉得中概股没有他想象中的那么好拿捏，或许恒大也仅仅是为了吓唬吓唬莱福特，没有实际行动起来，而此时的香橼，又有了新的目标。

香橼在奇虎 360 宣布进入搜索领域之后，紧接着发表了一篇做多搜狐同时做空奇虎的研究报告，这彻底激怒了搜索领域的专家李开复。在对香橼报告中的诸多非常不专业的方面如对互联网公司产品混淆不清、弄不懂奇虎免费的商业模式等方面进行一一驳斥之后，李开复号召了中国 61 位资本人士和企业家人士，一起加入反香橼的队伍中。

事实上，从 2011 年年底到 2012 年 9 月，香橼一共对奇虎发动了 6 次进攻,前 5 次进攻的内容分别涉及奇虎 360 的用户数量、渗透率与实际不符,奇虎杀毒软件免费的商业模式没有前途,奇虎存在财务造假的嫌疑,奇虎审计委员会主管存在会计丑闻,创始人存在历史财务问题以及其流量造假等。面对香橼对奇虎的质疑,周鸿祎从最开始的次次积极应对,到后来发现自己完全是在跟一个对中国互联网知之甚少的门外汉进行争辩之后,开始对香橼不予理睬。同时,资本市场亦开始对香橼对奇虎的做空报告无视。在每次香橼发布对奇虎的做空报告之后,其股价亦未发生大的震动。

2012 年 8 月 24 日,香橼发布了第 6 份质疑报告,此次香橼并没有对奇虎进行正面的质疑,而是通过对搜狐与奇虎的比较,通篇想要说明搜狐业务经营很健康,估值严重偏低,更声称中国最大搜索引擎百度的最大竞争对手不是奇虎,而是搜狐。香橼还援引美国做空调研机构 Anonanalytics 的相关数据,再次对奇虎进行质疑。

与早前一样,奇虎并没有过多地理睬,但是对国内搜索市场太熟悉、太了解的李开复怒了。他称看到中概股在海外被打击得这么厉害,他也一直在等待有一天能说点什么、做点什么。之前,浑水、香橼等袭击的领域比如户外广告、教育等,他不了解,也没有发言权,但是这次正打到了李开复的专业饭碗里。他通过对香橼报告的阅读,发现其对中国互联网根本没有丝毫的了解。李开复专门撰文《中国概念股做空者——打假还是造假?》,文中列出香橼做多搜狐报告中的 7 项纰漏,比如香橼缺乏对中国搜索市场的基本了解,将搜狗的产品混淆了,把搜索和拼音混成了一个产品等。香橼将搜狐的访问量与奇虎 360 比,完全不具对比性,搜狐是门户,只有旗下搜狗与奇虎 360 有接近的业务,香橼故意曲解数据。

但是在专业上受到反驳之后,香橼在随后的回应中,却开始避开话题,顾左右而言他。2012 年 8 月 30 日,香橼向李开复发出邀请,到 CNBC 亚洲台进行公开辩论,并开出 10 万元赌局:如果李开复能以事实说明奇虎 360 的游戏月 ARPU(每用户收入)值达到 400 元,香橼将以李开复的名义向李开复选择的一家慈善基金捐赠人民币 10 万元。但李开复声称对此并无兴趣。

李开复在 9 月 1 日,开设了一个域名为 Citronfraud.com 的英文网站,并发表了第二封致香橼的公开信,指出香橼对中国搜索市场缺乏基本的了解。

9 月 3 日,香橼对李开复提出 4 点质疑,认为奇虎是创新工厂的幕后投资者,李开复获得 1.8 亿美元的投资,牵头方就是奇虎 360,并质疑李开复的动机。

9 月 4 日,李开复迅速对香橼的质疑进行否认,不过其后他表示,创新工厂也投资了很多公司,不排除以后这些公司会到美国上市,他这样做也是为中概股之后赴美上市扫清障碍。随后,李开复联合 60 多位中国商业界人士联名发出抗议,称香橼在报告中捏造事实,恶意抹黑中国概念股,这 60 余名商业界人士包括张颖、包凡、江南春等。

9 月 12 日,香橼发出律师函,要求李开复及联名的 60 多位中国商界人士道歉,并收回相关指控。而李开复则委托大成律师事务所重申了 60 多位中国商界人士公开信的立场。而在国内,VeryCD 创始人、心动游戏创始人黄一孟亦代表 9 家游戏公司出面对香橼进行声讨。

10 月 5 日,香橼向美国加州地区高等法院提起诉讼,要求李开复以及联名抗议香橼的 60 多位中国企业家通过《华尔街日报》、彭博社道歉,关闭诋毁香橼的 Citronfraud.com 网站,并赔偿 3000 万美元。

至此,由香橼发布的第 6 份质疑奇虎的报告,最后演变成香橼与李开复的口水仗。而香橼在做空奇虎上面的非专业性也在多轮口水仗中,越发表露无遗。

"浑水们"如何调查

做空机构的调查团队可以潜入矿区、安装摄像头,暗中监控长达 20 天,可以拿到公司只有政府部门才知道的机密的内部信息,"浑水们"对公司业绩的质疑表面看上去是那么让人信服,但被调查方还浑然不觉。

远在美国的"浑水们"如何写出这少则 20 页、多则 80 页的调查报告?在浑水的每则开篇的提示中,卡森·布洛克都表明,调查团队成员来自于律师、会计师、记者等。据浑水创始人布洛克介绍,他的团队成员都会在浑水发布做空报告之前,买入该股票的空仓,待股价下跌之后赢利,不过该消息无从考证。浑水等做空机构,都否认自己与对冲基金有合作,但是市场认为,这些发布报告的做空机构一般都是为对冲基金服务的,简言之,浑水只是对冲基金做空股票赢利的一个工具。这也是为什么浑水、香橼等做空机构都特别愿意接受媒体采访的原因,因为此举提高了知名度,下次发布做空报告时,它们才可以得到更多的市场关注,达到更好的效果。

与从来没有到过中国的莱福特一样,早在 2005 年就长期待在中国的布洛克虽然表示还会一直关注中概股,但是他们都坦言,为了自身安全,他们

近年都不准备来中国。如何为做空报告提供理论和证据的支撑,则完全依靠他们在中国雇佣的团队或一些谁都可以查到的公开资料。

在被爆出财务造假的公司中,有不少是通过反向收购上市的。因为之前在上市中介机构的运作下,借壳上市的企业或多或少都存在财报被粉饰、企业财务造假的情况。由于远在美国的投资机构们很少能够到这些坐落于中国二三线城市的企业进行调查,且投资者对中国概念持续追捧,被冲昏了头,缺少判别的标准,这个时候,"浑水们"将目标主要聚集在这些借壳上市的企业,总能一打一个准。

这些通过反向并购方式上市的中概股市值,都集中在1亿美元以下,甚至远远低于1亿美元。且在浑水、香橼等做空机构没有打出名气的前期,由于没有太多的资金与之合作,便找这些市值较少的中概股先下手,较少的资金容易撬动市值较少的股票,从而做空获得成功的几率增大。

"浑水们"也特别喜欢关注那些通过非传统方式募资的企业,如借壳上市的中国企业,这也部分引发和加剧了做空潮。据统计,受到做空者质疑的公司中,大多数中概股企业在遭到做空之前,就采用了此种方式来进行募资,其中就包括最先遭到做空的绿诺和东方纸业。

此外,"浑水们"还对公司的特殊变动颇感兴趣。"浑水们"寻找标的的另外一个途径是,密切关注那些更换了财务总监或者是审计机构或是延迟发了财报的中概股企业。稍微懂点财务的人都知道,财务总监的职位对于上市公司的重要性,一般情况下,公司更换财务总监都会被市场解读为危险的信号,频繁更换财务总监的公司业绩的增长或者是股价的表现,都要弱于财务总监稳定的公司。同时，上市公司更换审计机构，一般会被认为是与审计机构产生不和所致。

正如做空绿诺时所述，公司本身频繁更换审计师、财务总监辞职，以及不平常地调整以往财务报表数字，都是浑水的关注点。同样，更换会计师事务所的现象也在中国高速频道出现，而同属"多元系"的多元印刷更换会计师事务所事件，也拖累了多元环球水务。

浑水在袭击展讯通信的时候，亦强调其 2009 年的数次变动，包括首席财务官两度辞职、审计委员会成员辞职，以及更换会计师事务所。同样被浑水做空的绿诺也是被爆出换过 3 个审计师、4 个首席财务官，并两次调整以往的财报数字，才引起了浑水的注意。

而香橼的做空历史，其中一个很重要的来源就是，通过查看中概股公司财报，寻找那些业绩远高于同行的企业，比如其做空的东南融通等。他发布研究报告过程中所利用的资料，除了公开信息外，多数是靠临时雇佣一些翻译资料的留学生和中国朋友提供的"有价值"的信息。

美国 GeoInvesting（该网站是一家专门针对在美上市公司的信息进行收集、分析和评论的网站）网站的创始人 Maj Soueidan（曾经也发表过不少做空中概股的报告，但并没有引起太大的波澜）早前还撰文，指出了那些通过借壳上市的中概股最容易受到做空机构的攻击，并教投资者如何避免投资这些问题公司。

首先，财务方面的原因主要包括一家公司提交给中国国家工商行政管理总局的文件跟美国证券交易委员会的文件不匹配；公司提交给中国国家税务总局的文件跟美国证券交易委员会的文件不匹配；公司研发费用支出

低,尤其是当公司拥有专利技术时,跟竞争对手比,利润过高;公司财务报表中,应付款项太少,如神阳科技;美国证券交易委员会文件内容看起来不错,但公司信用评级受到质疑,如中国高速频道。

其次是公司内部控制方面的原因,比如:失效的公司内部控制,尤其是公司所遇到的"问题"长期得不到解决,如天星生物;公司财务总监更换比较频繁,如天一药业;公司若干董事会成员辞职,如中国新博润集团;负责公司审计工作的机构更换比较频繁等。被做空的中概股很多都发生了类似的情况。

再次是公司所有权结构问题,在完成反向收购后,公司的注册资本长时间无法达标。这也就意味着,公司的原始股东很难为公司注入资金,期望将公司所有权结构从外商投资企业转变为可变利益实体(是指没有持投票权的股本投资者或未能向这些实体提供足够的财务资源的公司),如东方纸业。也就是说,公司很难从反向收购交易中的原始股东手中获得资金。按中国法律标准,公司结构是违法的,如饱受争议的 VIE 结构。

最后是股票交易,如公司在较短的时间内进行了若干次新股增发;公司产能过剩,但仍坚持通过股票交易来筹集资金;明知 IPO 价格可能低于预期,但仍坚持实施 IPO;公司现金充足,但仍坚持通过股票交易来募集资金;不顾外界媒体对公司向美国证券交易委员会提交的文件的负面评论,仍坚持通过股票交易来筹集资金;公司财务状况良好,每股收益预期不低于30%,但仍然低价发行股票。

另外,还有其他的情况,比如:公司没有披露某些交易中的卖家,如中国绿色农业;公司没有披露零售店、分销商和子公司的地址;隐瞒公司收购交易日期;中国媒体给予公司负面评论,如金鑫珠宝;公司声称是中国行业领先的公司,但 IPO 在中国被拒;公司官网上的信息不够充分;公司高管薪酬过低等。

当以上条件满足多条时,这家公司被做空机构盯上的几率就非常大。

替浑水等做空机构深入做空的中国公司调查的,一般是其在中国境内的代理人或机构,它们最主要的任务是对拟做空公司的业务进行实地调查,并搜集各种信息和证据。浑水在做空中概股前,都会成立包括会计、法律、财务和制造业背景的 10 人调查团队,历时 2 个月或半年不等的时间来进行调查。

而这些被浑水号称为来自于"律师、会计师、记者或前公司高层"的团队,实际上是国内财经类高校的在校生或者是刚要毕业的大学生,他们具备财经知识,且头脑灵活。而这些调查人员的专业程度,也受到质疑。2011 年年末,香橼正在做空奇虎 360,当笔者问到他是如何获取证据来质疑奇虎时,莱福特说自己在网上找了几个北京的大学生帮忙做的调查。

多数情况下,调查团队成员确实都是在网上招聘或者是由国内的熟人介绍,他们只需调查,不需要写作。不过,为了保密,这些调查团队成员在进行调查时,还不知道是在为"浑水们"工作。由于有时候调查者并没有接受过专业训练,调查人为了完成"浑水们"的指定任务,方式多不会非常的严肃和实事求是。比如,他们基本上不会去主动联系上市公司的高管,听高管怎么介绍公司业绩,因为浑水告知他们,高管们只会告诉调查团队公开的资料,而过度地接触管理层,可能会暴露身份。

据传媒报道,这些调查人员有时候会佯装有采购需求,去找目标公司的

销售人员聊天,口头谈话中出现的不准确销售数字和内容往往会被暗中录音,再整理成原材料;有时候他们专挑周末去工厂门口拍照,因为空荡荡的车间照片是美国老板最喜欢的,为了能够征得工人同意被拍照,他们还会开出数百元的拍照报酬。这让一些被做空的上市公司高管们直呼,很多时候,公司在毫不知情的情况下,就被歪曲误解了。

在私有化过程中,被做空的泰富电气创始人杨天夫就形容做空机构的行为就是一场赌局,做空者没有任何依据地在赌它的成和败。杨天夫回忆说,做空机构以及它所雇佣的所谓中国境内的写分析报告的人,采用了极其不道德、极其阴暗的方法对公司进行诬蔑,他们还抓到过一个到威海工厂电业局连查泰富电气 3 个月电费的人,面对杨天夫的质问,此人回复:"我们一直怀疑你们公司为什么用这么多电,就想查出纰漏。"

对于做空的时间,浑水早前称做空一家公司花费时间不一样,少则 2~3 个月,多则半年,比如做空新东方,浑水就花费了 6 个月的时间。考虑到安全的因素,布洛克虽无法来到中国,但是期间他曾遣派多人,以顾客或潜在顾客的身份,造访了多家新东方培训中心,与潜在的特许加盟商攀谈以了解情况,甚至遣人专程报名新东方课程,并与大量低级别的新东方员工聊天来获取信息。不过,"浑水们"也并不是完全排斥与公司高层的接触,在浑水做空新东方的过程中,浑水所雇佣的员工,还录取了与新东方财务总监在美国的对话细节。

此外,美国的文化是凡事都讲求有迹可循,讲求证据,所以这些调查人员都会被要求在调查公司时,一定要尽量留下包括照片、录音在内的各种证据,放在报告里面,这样才会得到美国投资者的认可。

　　近些年中国也出现了一些不知名的小型商业咨询公司充当"代理调查公司"，主要为国内外专业的投资机构做尽职调查，当然也会承接一些对冲基金的项目。这些商业咨询公司虽本身资质难以言说，但可以利用公司名义，以协助做市场调查为由，开出每小时 600～800 美元不等的佣金奖励，暗中找上市公司流水线上的工人谈话，或者利用商业间谍手段获取公司内部资料。

　　一些被做空的企业高层就非常无奈地表示："为什么要这样采集信息？为什么它们不能光明正大地到我们公司来调研？"并表示愿意把所有的财务信息，甚至订单资料公开给它们看。而另一家在美上市的中资企业的董事长也曾经对传媒说，有的调查人员专挑休息日去拍分公司工厂，就为了能在写报告的时候偷换概念、混淆视听，毕竟很多普通美国投资人并不了解中国，从地缘和意识形态上说，他们更容易相信美国的这些所谓调查机构。

　　除了上市公司本身，浑水还非常重视对关联方的调查。关联方一般是掏空上市公司的重要推手。关联方包括大股东、实际控制人、兄弟公司等，还包括那些表面看似没有关联关系，但实际上听命于实际控制人的公司。浑水很注重参考竞争对手的经营和财务情况，借以判断上市公司的价值，尤其愿意倾听竞争对手对上市公司的评价调查，这有助于了解整个行业的现状，不会局限于上市公司的一家之言。

　　对于"浑水们"调查的准确性，香橼的莱福特曾经表示，这种调查是一个花销非常大的事情，浑水由于有比较多的支持，所以一般能请到比较优秀的人来做调查。但是，实际上，浑水、香橼这类做空机构从来没有针对报告所含信息的准确性、及时性或完整性作出任何承诺，而且也从没对外公布其公

司的地址和股东信息,甚至也没有任何报告撰写作者的信息。在很多情况下,一些做空机构的取证手法,是非常不合理的。

在做空中概股时,经常在"浑水们"的报告中被提及的信息来源是工商资料,这也被称为中国企业应对竞争对手或者做空机构时的一个重要的制度性漏洞。

那些在美国上市的中国公司的注册数据,包含财务报表、股东的相关记录、向企业出资的情况、有关租赁或购买物业及许可证的资讯都躺在中国国家工商行政管理总局。浑水曾经对媒体表示这是一座关于企业历史以及企业与其他人和其他企业之间关系的资料宝库。我们可以委托任何一家中国的律师事务所调出这些数据,这就是调查中国企业的机会。

浑水经常以中国公司提交给工商行政管理局的工商资料作为做空公司的证据。而在希尔威遭到 AL 的质疑指控中,多数的论据都是来源于工商资料。事实上,中国企业提交给工商行政管理局的工商资料,与提交给美国证券交易委员会的文件内容是不一样的,因此经常会被做空机构拿来作为做空报告的论据。

集体诉讼环节再次蚕食中概股

中概股被做空股价大跌,做空机构坐收渔利,这还仅仅是中概股在美国资本市场上被蚕食的第一步。在随后跟进的集体诉讼、退市、私有化等各个环节中,中概股们都会遭遇到在这个号称透明、监管重重的美国资本市场的各类组织,它们都打着监管的旗号来牟利。而被做空之后,必然要跟随的集体诉讼阶段就是这样一环。

在遭到浑水做空之后没多久,新东方遭到了包括 Glancy Binkow Goldberg LLP、Holzer Holzer & Fistel LLC、Law Offices of Todd M. Garber、Faruqi & Faruqi LLP 等 7 家在内的美国律所分别组织发起代表投资人的集体诉讼。针对的投资人基本都是 2009 年 7 月 21 日至 2012 年 7 月 17 日期间购买新东方美国存托股 ADS 的个人和机构。而这样的诉讼模式并没有什么特别不同寻常,因为以往被做空的机构,都是如此被律所发起集体诉讼的。

事实上,被做空后遭到起诉只是一个方面,中概股在美国资本市场上一直就是遭到袭击的好标的。多数中概股都有在股价发生较大异动的时刻被律师事务所盯上的经历。关注那些经常发起集体诉讼的律师事务所可以发现,类似的集体诉讼比比皆是,而其中还有不少是针对被美国证券交易委员会指控有财务问题、被做空机构狙击或者是受到宏观政策的影响,导致股价出现暴跌的中概股。

集体诉讼案子的平均诉讼时间是 3～5 年,一旦律所代表的投资人赢得案子,那么被告的企业将会面临巨额的罚款,而长达 5 年的诉讼时间,公司会因为名誉受到影响,而妨碍到公司的融资或者是发展的进度。且上市公司在这段时间内,要极力地配合美国证券交易委员会上交各种材料和证据,劳民伤财,所以绝大多数情况下,面对这样的集体上诉,中国的企业都会选择和解。而一般情况下,这笔和解的金额非常巨大,律所将会分食掉将近 30% 的钱。

2012 年下半年,安博教育、香格里拉藏药集团、双威教育集团以及美东

生物这些被做空过的企业,都曾遭遇集体诉讼。而中概股在美国资本市场上,遭到集体诉讼的案例越来越多,仅仅是 2011 年,此类的案子就有 20 余起,占到美国市场证券诉讼案件的近 25%。从这一角度来看,中国企业在美国机构的做空局中,就要被吃两遍:股价因做空而下跌以及集体诉讼的赔偿。尽管如此,与做空一样,根据美国法律,做空产业链上的机构这样赚钱却是完全合法合规,而中国公司们却仍然不得不背负不诚信的十字架。

集体诉讼很常见

证券集体诉讼是美国特殊的法律制度,在全球其他国家较少见,但是在美国资本市场上非常常见。集体诉讼通常由律师事务所牵头。与浑水在网上发表做空报告一样,这些律师事务所在中概股被做空之后,也会早早地开始在公司网站上招揽业务,尽管集体诉讼潮的到来相对做空可能还要滞后一段时间,但律师也要在市场上早一点出来争抢业务。

之后,律师事务所会寻找遭受共同伤害的原告,若受到资产损失的投资人愿意加入,只需要签署相应的文件,并提供必要的资格认证信息,就可以作为主要的原告加入集体诉讼的环节。原告通常不需要支付律师费,胜诉后由律师扣除费用后平分,败诉则由律师承担一切费用。通常集体诉讼案值较大,成为律所一桩很大的生意。如果案件涉及面广,将有不止一家律师事务所介入并"招揽原告",通常最终法官会将几个集体诉讼的案件合并成一个授理。在美国上市的中国企业中,20% 曾经有过被集体诉讼的经历,而刚刚上市的企业被起诉的可能性更大。被做空的中概股,基本上都遭到了集体诉讼。

　　不得不说，美国证券市场是股东律师淘金的宝地，很多诉讼发生的动机一般都是律师事务所为了挣律师费，于是在毫无法律经验和意识的中概股上下手便成了这些律所的首选。在中概股被做空之后，必然伴随着律师事务所召集被做空股票的股东一起发起的集体诉讼环节。

　　中国上市企业在美屡遭大规模的集体诉讼，主要是美国有一批专门在中概股上找茬的且合法的律师事务所。中国概念股会成为一个很好的标的，是因为初次踏上美国资本市场的中国企业，极少接受关于美国资本市场的投行、证券和法律方面的知识，在遭到集体做空之后也不能在第一时间非常专业地进行应对。而国外的这样一批紧盯着上市公司一举一动、专门以提起集体诉讼为生的律师，常被称为"股市秃鹫"，他们表面上积极地为投资者摇旗呐喊，而实际上的目的则是为了收取高昂的律师费。

　　集体诉讼中，律师代理费经常会高达胜诉赔付金额的30％。这也就意味着，若最终胜诉，代理律师将会是真正最大的获益者。所以他们都有在无任何费用花销的前提下，发起集体诉讼的原始动力。不过，专门以此赢利的美国律师事务所，并不是美国律师界的主流手段，这一行为也被专业的律所所不齿。

集体上诉专业户

　　在新东方被浑水袭击之后的1个月，美国律师事务所Holzer Holzer & Fistel LLC就宣布，该事务所已经和另外几家律所代表为2009年7月21日至2012年7月17日期间购买了新东方美国存托股（ADS）的投资者，针对新

东方发起一项集体诉讼。而它已经是代表投资者在中概股被做空之后起诉企业的一家律所老手了,它曾经的业绩是参与诉讼过柯莱特和中国高速频道。

而类似在美国律师界比较火的律所还有霍华德史密斯律师事务所,它曾经对麦考林、分众传媒、艾瑞泰克发起过集体诉讼。罗森律师事务所的业绩有麦考林、中国教育集团、中国生物、东北石油、东南融通、西安宝润和盛大。Glancy Binkow & Goldberg LLP,GBG 律师事务所还对新东方、多元环球水务、中国高速频道、九城、侨兴电话和纳伟仕发起过集体诉讼。Faruqi & Faruqi LLP 的业绩有第一能源、江波制药、中国能源技术、泰富电气等。而 Brower Piven,曾经对绿诺、麦考林、九城、中国生物发起过集体诉讼。

不过,这些律所比起诉讼专业户 Coughlin Stoia Geler Rudman & Robbins(以下简称 CSGRR)来,还是小巫见大巫。它曾经对巨人网络、分众传媒发起过集体诉讼,它就是被美国律师同行认为的“股市秃鹫”式事务所。资料显示,CSGRR 是一家专门从事证券欺诈、公司接管诉讼、保险、反垄断、消费者欺诈、环保和公共健康、公共利益的诉讼机构。无论在金融圈内,还是在美国律师行业,CSGRR 都颇有名气。

总部设在美国加利福尼亚州圣选戈的 CSGRR 律师事务所,自 2004 年成立至今,已对在美上市公司提起了上千起集体诉讼,矛头所向不乏美林证券、花旗银行、爱立信、戴尔、雅虎等五百强大公司,为股东挽回利益不下 540 亿美元。据悉,CSGRR 律师事务所的一项著名案例是为安然欺诈案受害人挽回 72 亿美元损失。而早前它也因为成功狙击巨人网络、分众传媒而在中国律师界名声赫赫。

虽然 CSGRR 在集体诉讼界已经是大名鼎鼎,但是其综合实力仍然是一家在美国排名 200 名开外的律所。因为其专长仅仅是调查上市公司违反证券法,然后通过集体诉讼获利。它惯常的做法是,每家公司一上市,其律师们就买上几十股,如果他们能集合 10 个这样的股东,就可以对公司发起集体诉讼了。因为在美国的法律界规定,只要买入 20 股就意味着拥有起诉上市公司的资格,只要股市有暴涨或暴跌,股东就可以告上市公司没有做好妥善的信息披露。而这种做法通常被同行所不齿。

集体诉讼的正常途径是,受到损失的投资人委托律师事务所进行诉讼,但在 CSGRR 的操作中却是相反的。这些律所会先找好上市公司作为标的,然后再找投资人,继而发布通告称准备召集受损害的投资人,接着进行网络登记或是电话报名。登记的投资人一旦达成赔偿协议,或者是在法庭上上诉,每个人都可以根据自己受损害的程度获得相应赔偿。

做空只是为了挣钱

做空机构都是趋利的,其所有的目的就是为了赚钱,发布种种做空报告只是希望它们在行权日那天能赚到钱。名义上,浑水和香橼都声称自己是独立的研究机构,实际上它们这些机构之间除了常常互通有无,通常背后还有一批大的对冲基金暗中支持。泰富电气在私有化的过程中,杨天夫就发现除了老虎基金以外,还有芝加哥几个大的做空机构都买了泰富电气的期权。而分众传媒在遭到做空的前夕,也打听到老虎基金的人正在上海秘密

地对分众传媒进行调查。

所以，不管"浑水们"把自己标榜得多么的高尚，其实它们都只是那些做空中国企业基金的传声筒，而更加糟糕的是，那些先把中国企业运作上市的基金们，由于掌握了公司财务最原始的材料，做空起来是一打一个准。这背后无疑有一个很大的产业链在运作，而这一产业链的最原始动力，就是为了挣钱。确实，在做空优质中概股时所引发的股价异动，让浑水和香橼们持续赚钱，且赚钱的金额连布洛克本人都称大大超过了自己的想象。

既然完全是为了赚钱，为何"浑水们"不直接将标的选择为体量最大、流通性最好的公司呢？其实，这就像赌博一样，大家都在赌一场不知输赢的战争。且在没有积累起信誉的前期，不知能力深浅的做空机构，一开始就要扳倒大公司，似乎是不可能的事情。而"浑水们"的逻辑是，先在市场上找一些确实有问题的中国公司，而那些早前中介机构们批量运作到美国 OTCBB 挂牌的中国企业，为"浑水们"提供了丰富的资源。在这里，"浑水们"一打一个准，也慢慢开始积累起自己的信誉，从开始的做空市值不到 1 亿美元的 OTCBB 上市公司，再到通过正规渠道赴美上市的新东方、分众传媒、展讯通信等，胃口也开始变得越来越大。

由于中国企业对美国资本市场不甚了解，再加上双方存在信息差的情况，即使公司不存在太大问题，在遭受做空袭击之后中概股们也不知如何应对。更为严重的是，在袭击一些小公司的过程中，"浑水们"已经积累了一定信誉。而随着中概股企业主们的警觉，以及对做空后该如何反应和对抗越来越娴熟，做空中概股已经变得越来越难了。而"浑水们"的专业性，也开始受到争议。

公司之所以被瞄上,一般是因为有想要做空的基金认为公司估值过高,有挤压的空间。做空者先搜集资料,如果发现有效,就会决定做空,它们将搜集到的材料发送给已经在市场上有了一定影响力的"浑水们","浑水们"再将写好的报告发送给更多的基金公司、股东一起来做空。华兴资本包凡分析道:基金意识到时机差不多的时候,它们就会让研究公司正式发布这个报告,同时它们在二级市场上集体砸盘。这一定会引起恐慌,届时卖盘汹涌。当股价跌到一定价格,接受股票质押的银行等机构就会斩仓,股价于是更跌。等到跌到理想价位,做空者再进来补仓,把借来的股票还掉,一轮做空就结束了。

做空中概股的滑铁卢,是从展讯通信开始的。对美国资本市场相对熟悉的李力游在展讯通信被浑水发出 15 条指控之后,第一时间一一击破,而展讯通信股价在跌落后随即上涨,回升后的股价甚至高过了质疑之前。布洛克不得不最终为他的攻击道歉,承认误伤了展讯通信。而浑水对展讯的分析,也让很多业内人士发现,其实浑水根本就不懂会计。

当然,"浑水们"不懂的,不仅仅只是会计知识,还有中国的商业环境、政治,甚至是对被做空中概股所在行业的最基本的常识,而这,在"浑水们"做空展讯通信、分众传媒、新东方、奇虎 360 以及恒大等优质中概股的过程中,表露无遗。而发布的做空报告越来越不严谨可能会让"浑水们"面临法律风险,如果被判定故意发布欺诈性质的报告,它们会因此遭受法律制裁。

不过,就调查能力而言,"浑水们"有时水平也非常高,而事实情况是,它们能够发现很多在中国人看来是习以为常,却不符合美国人正常商业思维的东西,而这一点,可能恰好是中概股的致命点。正如俞敏洪所说,虽然新

东方被浑水所伤,但是类似浑水公司这样的机构存在很有必要。中国企业的财报,确实存在很多漏洞。俞敏洪虽然也非常痛恨浑水,但也知道有这样的机构存在,能够制约一些公司做坏事欺骗股东,就像身边有一个不断挑刺的人存在,你就能够不断进步一样。

那么,如何防止公司被做空?包凡认为当公司的股价被高估时,就要意识到有被做空的危险,且不要拿公司股票去做质押,尤其是在股价高的时候。做空者需要借大量股票来砸盘。而一旦公司被做空之后,要打的是公关仗,所以在美国那边要有面向投资者的窗口或者媒体平台,要有即时的响应,能够及时向投资者发布正面的消息,当然,最好是能找到一些大基金来买公司的股票,让股价上涨,来护盘。总的来讲,做空只是资本市场的一个常规小游戏,作为中国企业家,既然已经到了美国上市融资,就要接受这个健全的资本市场的各种挑战,并要积极应对。

Chapter 4

疲于应对的中概股

由于缺乏对美国资本市场基本规则的了解,这些中概股被做空之后,大多噤若寒蝉,特别是那些本身就在财务上有猫腻的中概股。根据这轮做空行动中概股的表现,笔者将其应对的状况按照等级分成了四个类别。

第一类是"打不起,躲得起"的主动退市型。

以深圳瑞达电源为代表,这类企业与80%的中概股一样,是通过借壳上市,并在近年成功实现转板的小型民企。市值大多也在如上所述的91%的小盘股范围内,股价长期在几美金徘徊,基本没有成交量。它们一年的净利润近千万美元,但是每年交给交易所的市场维护费用就近100万美元。这些企业的业务主体主要在国内,在美国上市仅仅是为了融资,没有太强的扩展意愿。每年近百万的市场维护费用,以及不善于与美国各方面打交道的小型民营企业家在做空潮来袭时,选择了主动退市。

第二类是被美国证券交易委员会勒令退市型或认为价值得不到体现主动退市型。

以绿诺为代表,这类企业先遭到做空机构的袭击,之后市场开始对其业绩进行质疑,并遭到美国做空产业链上的律所召集的投资人的集体诉讼,而

这类企业本身财务方面或多或少都存在问题，为了避免长期与美国资本市场的各个方面进行角力，耗费大量财力，企业只好承认财务造假。为了清肃市场，交易所会勒令这些企业退市。而另一种情况属于企业高层认为企业价值已经得不到体现，同时随着国内资本市场的发展，认为可以在国内上市。

第三类是与美国做空机构正面较量型。

以分众传媒、奇虎360为代表，这类企业大多业绩优良，但是遭到做空机构的恶意指责，企业股价大跌，市值和信誉受到影响。这些业绩优良的企业，大多业绩透明，有良好的团队来应急处理做空机构对企业的质疑，并就做空机构指责的方方面面，对资本市场进行澄清和回应，从而稳定公司股价，降低负面影响的效果。

第四类是对做空机构积极起诉型。

以希尔威为代表，这类企业业绩也非常优良，也是遭到做空机构的恶意指责，与第三类企业一样，业绩透明，有良好的应急处理能力，能积极地回复、澄清做空机构的质疑。所不同的是，企业家为了给自己的企业一个清白，会斥巨资在美国的资本市场拿起法律的武器，与这些做空机构进行正面的较量。

中国企业出海也才20年的时间，2011年全面爆发的中概股被做空的危机，非常直接生动地为中国企业在公司治理方面上了一课。本章将以这四种类型，分别选择一家公司，来谈谈它们的应对细节。

瑞达电源：打不起，躲得起

一座深圳郊区低层简陋的办公楼内，中国瑞达电源有限公司（PINK：CRTP）董事长胡家达的办公室显得格外的豪华。华尔街上那头非常有名的牛的雕塑，以及一面美国国旗，都被放在了非常显眼的位置。虽然已经申请退市，胡家达递给笔者的名片上，还是用红体字赫然印着"美国上市公司"的字样。2007 年 2 月 16 日，瑞达以 APO 模式成功登陆美国 OTCBB，成为当时唯一一家在美上市的中国铅酸电池企业。当时的上市中介，正是借壳王沃特财务集团。

2011 年 6 月，股价低于 1 美元的瑞达电源接到纳斯达克的退市警告，称其已经不符合美国上市的要求，瑞达电源旋即宣布公司计划主动从纳斯达克退市，董事会讲到维持纳斯达克挂牌的各种开支已成为公司的巨大负担，公司现已就退市计划做出第一步行动。之后，瑞达电源退到粉单市场继续交易，但是从目前来看，其在粉单市场一直是零交易。

胡家达对目前平静的生活感到非常满意，称公司躲在粉单市场，不再需要每个季度发财报，现在他可以潜心佛教，让内心得到平复，没事会去打打牌，不用像以前那样拼命地迎合投资者。谈及从上市到退市的这 5 年，胡家达感触颇深，他说一点都不后悔，"在美国拿了美国佬的钱，又不用分红，现在退市了，我在这个过程中学到了很多知识"。

美国上市后主要工作变成了搞股票

2006年,已经成立3年的瑞达电源的创始人胡家达正在发愁融资扩产的事情。但是,其所在的铅酸电池行业还没有上市融资的先例,在国内无法上市。2005年,中国中小企业家的圈子里面,突然出现了很多号称是从美国回来的资本掮客。当时瑞达电源的产品已远销55个国家和地区,在美国上市能极大地提高公司的国际品牌形象。胡家达一直被告知,瑞达电源企业已经经营得非常好了,不用付钱给这些上市中介,直接给它们股份,就可以帮助瑞达电源运作上市。

胡家达开始频繁地接触国外的一些上市中介。2006年5月,沃特财务集团对瑞达进行了初步评估后判定,瑞达具备美国上市的条件。2006年6到7月,沃特集团入驻瑞达进行尽职调查。2007年1月12日,瑞达高管们在沃特集团的安排下,开始了路演。

和瑞达搭上线之后,沃特集团便掌握了当时瑞达电源的经济命脉。"它们承诺免费帮我们运作上市,但要了我们的股票,最后也是大赚一笔。"正如胡家达所想到的那样,沃特集团将瑞达的案子全部外包给美国的中小型券商和律所,但是效率也非常高,正在遭遇资金饥渴的瑞达从准备到上市交易,才用了5个月的时间。

2007年,赴海外上市的中国企业还比较少,没有形成规模,国外投资者对中概股都比较疑惑。瑞达电源是一家传统的电源设备生产商,国外投资者一直觉得中国制造业是属于劳动密集型企业,没有发展前途,而国外已经实现了工业化,理所当然,他们对瑞达电源的认可度并不是很高,但是当时市场环境比较好,最终瑞达电源还是成功地融资了。

4年半的时间,从一个曾经遭遇资金匮乏濒临倒闭的小规模民营企业,到最后突然在美国成功上市,外界的赞美,周围朋友、老板们的吹捧,让这个对美国资本市场毫无概念的胡家达突然开始迷失自己:上市到底是起点,还是终点?上市成功之后是要更加关注经营还是就玩资本运作?胡家达失去了方向。

在美国成功上市,胡家达说自己起码兴奋了3年。但是胡家达也开始疑惑起来,他的主要工作变成了搞股票,将股价做高,然后高价卖,低价买。而这与实业相比,真的太赚钱了。除了胡家达个人之外,他还鼓动老婆炒公司股票,一个月能挣上100万美元,胡家达觉得躺着都在挣钱。体验着资本市场甜头的同时,胡家达还开始积极地应对美国市场的监督。瑞达电源每季度都要发季报,要维持股价,胡家达每个月都需要思考很多新的东西,看有什么故事和亮点要和投资人讲一讲,然后就冥思苦想找概念,不然股价就要跌了。

迷失在资本市场的胡家达以及身边一些同样在美国上市的公司老板,在找不到业绩亮点的时候,就开始造假。"比如说,我们的新电池出来了,有什么新功能?电池能在短时间内有什么革新发生呢?实际上就是忽悠别人买我们的股票。当概念上造假不行之后,有些老板开始在数据上造假。当一家公司的概念和数据都造假的时候,这个企业已经完全被资本市场所绑架了,需要用新的谎言来掩盖之前的谎言,企业主失去了自主权。"胡家达表示。

胡家达除了要花心思想怎样去粉饰财报,一些突然不知道从哪里冒出

来的国际上的小基金公司,也让胡家达疲于应付。他说那段时间随时都有投资人给他打电话要买瑞达电源的股票,"经常会接到基金公司的电话,说非常看好我们的业绩,要问很多问题。而且,有时候说不定是这家基金公司正在召开的电话会议,大家要商量并立刻决定是否买你的股票。有时候,你发现,接完这个电话,你公司的股票就被买走了几十万股,你就特别有成就感。而为了维持这种成就感,不得不说违心的话,说了心里又不安,但是不说股价又涨不上去,所以就只能天天说瞎话,老板们都成了做股票营销的人,哪有时间想着去经营企业?"

不过,在中介机构的帮助下,2009年瑞达电源转板纳斯达克成功。

退市:打不起,躲得起

终日的谎言以及浑水对中概股的集体质疑,让瑞达电源也尝到了苦果。

当游说中国企业到美国上市的中介机构队伍越来越庞大的时候,到美国上市企业的质量也就更加良莠不齐。在胡家达眼中,瑞达电源是属于早期上市的中国企业中的优秀代表,而后期上市的被他称之为"害群之马"。胡家达口中的"害群之马",就是被财务顾问毫无底线地忽悠到美国上市的企业,胡家达觉得瑞达电源起初根本没有太受到美国资本市场的关注,但是,随着借壳到美国上市的企业越来越多,问题也越来越多,瑞达电源也被美国资本市场盯得很紧。

2011年4月,瑞达电源因不满足纳斯达克继续交易条件而收到口头退市通知,瑞达电源没能在美国证券交易委员会规定的时间期限内提交截至2010年12月31日的年度10—K报告,因此纳斯达克在4月18日无期限停止了瑞达电源股票的交易。另外瑞达电源如果没能在要求的期限内满足纳斯达克的交易标准将收到正式退市通知。瑞达电源计划在实际情况允许的条件下需尽快向美国证券交易委员会提交年度报告。

而此时,在胡家达的潜意识里,他就不想让瑞达电源在纳斯达克上市了。当时,瑞达电源的市盈率已经掉了三四成,每年还要付 60 万美元作为瑞达电源在纳斯达克的维护费用,财报稍有晚发,就会遭到集体诉讼,还要请律师。他觉得中国的企业家挣钱,真的是太辛苦了。胡家达觉得如果一直陪它们玩下去,就刹不住车了,所以,当瑞达电源在接到纳斯达克的退市通知之后,胡家达果断地决定私有化,退市。

而正是从浑水展开对中概股的集体围剿之后,中国在美国上市的企业出现了退市高潮。"我的退市是非常决绝和果断的,过多地和美国资本市场的各方面进行纠缠,对我的企业并不是件好事。"而适时地选择退市以避免对公司造成过多的损失,也让胡家达在美国上市的中小企业家圈子里成了"英雄"。胡家达的沾沾自喜在于那些选择正面迎接集体诉讼的老板们,花了近千万美元,还是没有调查出个所以然,也并没有为自己正名,而他选择退市,只花费了 40 万美元的费用。

被胡家达挂在嘴边的一个例子是万得汽车技术股份有限公司(PINK:WATG)的董事长赵清洁。2011 年,赵清洁通过兼并收购了另外一家中国的汽车配件企业,公告发出后引起了美国做空机构的注意,并发表报告称万得汽车存在对价不公允的情况,即怀疑赵清洁存在"左手套右手"的情况。"这个指控就相当于你被人指控说,昨天街边死的那个人是你杀的,你要想尽办法证明自己没有杀人。"胡家达说,本来我们就劝这位董事长,没有必要去回

应这个指控,因为你无从下手,并且下手的成本也是非常高的。

但是,急于想证明清白的赵清洁根本就不罢手,于是请了一名美国律师为自己辩白。实际上,在胡家达看来,赵清洁是被这家律所给骗了。"刚开始这名律师说50万美元就能把事情搞定,后来律师又说为了申报证明材料的完整性,委托给一家律所根本无法完成,必须要请会计师事务所,请了会计师事务所之后,又要请税务所。一个案子处理下来,他请了他们整个产业链的一套人马。本来一个月可以解决的事情,拖了半年的时间都没有音讯。"胡家达回忆说。

即使案子进展缓慢,律师们一小时1000美元的收费却一点都不含糊,而且律师团队差不多有20名成员。在国外有业务的企业,一般需要全球对账,光对账的收费,就可以置企业于死地。"比如说,万得汽车将产品卖给了美国、德国或法国,那企业就需要去全球各地对账来证明自己并没有作假,律师的机票酒店费用都是非常巨大的花销",胡家达说,他也曾经劝过赵清洁,但是赵性格较偏执,一定要弄出个所以然来。

当案子的开销折腾到800万美元的时候,赵清洁就被独立董事罢免了董事长职务,管理层开始对他不信任,公司也被别人接管,胡家达对赵清洁的遭遇非常惋惜。2011年9月9日,万得汽车退至粉单市场。胡家达认为,打不起,是躲得起的。"做空机构毫无成本地说我有问题,应该是它们拿出证据来证明我的问题所在。要对方出手,而不是自己出手,人家没有出招,你自己先出招,这样是很被动的。"

在美国上市5年期间,胡家达遭遇到众多质疑,他并不是没有想过去积极地应对,但是这个干实业出身的人,似乎非常的实际。"我们算了应对的成本,觉得不合算,对我没有好处,对股东没有好处,对公司没有好处,既然对大家却没有好处,我们为什么要去应对呢? 我就认这个死理,越是积极地去应对那些莫须有的起诉,越是没有意义,后来发现,那些审计师、税务所、律所其实都是一伙的。"

不懂美国资本市场规则,不懂美国法律,中国民营企业家都要在美国资本市场上与美国做空机构斗智斗勇,简直是自不量力。"还要去请美国人来跟美国人斗,胜算的可能性太小了,我想想退市算了。"胡家达说。2012 年 6 月,瑞达电源退至粉单市场。

不后悔上市

由于企业的业务并没有在国外,瑞达电源去美国上市,对其实业的经营帮助并不大,主要是为了解决企业发展资金的问题。

胡家达感慨,在美国资本市场上走了一圈,学到了很多东西,接触了很多人,认识了外面的世界,看到了别人是怎么经营企业。从上市到退市,胡家达称自己一点都不后悔。他对于企业是否一定要走资本化之路的看法也更加成熟,他认为只要企业经营得好,上不上市都无所谓,为了上市而上市是非常不利于企业发展的,这也是他在美国资本市场 5 年来最大的收获。

企业经营的逻辑是什么,这是胡家达最近一直在思考的问题。经过 5 年的锤炼,他的看法是,资本市场只是一件华丽的外衣,它可以为企业的发展提供资本,但是如果将自己的全部精力都放在资本运作上,不做好实业经营,那会是本末倒置。"实际上,资本市场的游戏是非常简单的。看那些研究员的分析报告,一般都是听这个老板说两句,听那个专家说两句,报告就

这样拼凑出来了,完全没有自己的独到之处。金融资本家都是一帮贪婪的骗子,玩金融市场就是和骗子打交道。"胡家达用自己的经验评价道。

在美国资本市场走了一圈,胡家达自认为和与他同类型的国内上市的企业家相比,他要更加成熟、守法和专业,他甚至从心里瞧不起那些在国内上市的企业同行,他将公司上市用"玩"来形容,并声称"在美国玩了一个上市,再在中国玩一个,是小菜一碟"。

什么经营状态的企业合适去美国上市,他也有自己的算盘:"在纳斯达克上市并转板成功的企业,业绩和表现肯定要超过国内的中小板,在美国上市基本的利润要超过一两个亿,因为每年要给纳斯达克交的维护费都是60万美元,上市公司不赚个上亿人民币就不划算了。"

在瑞达电源刚刚上市的那几年,胡家达有一个美国上市企业中国小老板的圈子,经常交流上市心得。但是,现在圈子已经解散了,因为谈到在美国上市,中国小老板们已经没有多大兴趣了。

希尔威绝地反击　败诉收场

希尔威金属矿业有限公司(TSX&NYSE：SVM,以下简称"希尔威")董事长冯锐,在2011年8月底就被其公司十大股东之一的US Global Investors告知,当时有一份关于希尔威的做空报告正在多家基金中流传,有做空机构正在向基金投送做空报告,建议基金们抛售希尔威股票,邀请它们加入做空希尔威的阵营,同时当时大名鼎鼎的浑水也在投资界传播关于希尔威的言论,但是觉得做空离自己很远的冯锐,当时并没有在意。

9月1日,冯锐收到一封长达87页的匿名做空报告,其标题上赫然写着《希尔威可能隐藏着13亿美元的会计欺诈》,光是这个标题就让冯锐吓了一大跳。而看空报告发表的当天,希尔威股价应声从8.5美元下跌到了7美元。更让人担忧的是,这时公司做空股票的数量已猛涨到2700万股,占总股本近16%。冯锐突然意识到,做空者对希尔威的连环攻击可能马上要开始了。而与做空机构浑水和香橼不同的是,冯锐连这个做空者是谁都不知道,因为其发表文章只是用的笔名Alfred Little(AL)。

希尔威遭到袭击

匿名者AL在这份被众多投资者传阅的研究报告中,指出了希尔威主要有三个方面涉嫌造假,且大部分内容都是依赖于中国企业报给中国工商部门与报给美国证券交易委员会文件之间的差异:其一,所报收入1.53亿美元约是公司真实收入约1500万美元的10倍(报告称数据来源于中国国家工商行政管理总局档案);其二,希尔威报给美国证监会净利润6600万美元,报给中国国家工商总局却是亏损50万美元;其三,以子公司股权转让价值推算,公司市值约为1.4亿美元,仅为实际价值的十分之一。此外,这份报告提出的质疑还包括隐瞒部分诉讼和关联交易。

而不可否认的是,这三项中的每一项,都事关重大。

与其他做空机构一样,AL选择的发布做空报告时间也是在北京时间凌晨左右,而9月1日那个夜晚,冯锐与大多数公司高管一夜未眠,一直通宵整理相关财务数据,打算第二天对AL进行有力的驳斥。第二天,纽约股市开

盘前,冯锐便把希尔威所有中国子公司的工商年检报告、所有的银行对账单、纳税申报表等共计 95 页相关证据公布在了公司网站上。对于工商资料的出入,冯锐认为前两项造假指控毫无根据,在希尔威报给中国国家工商行政管理总局的任何一项中都没有这些数字。

因为仅仅是在中国国家工商行政管理总局的官方网站上,希尔威主要利润来源的控股子公司河南发恩德矿业的工商年检信息 2010 年销售收入为 9.6 亿元人民币,净利润为 5.1 亿元人民币。AL 声称自己获得的数据来源于青岛联信商务咨询有限公司,这是一家在做空机构中非常有名的咨询公司。

面对指控,希尔威称 2011 年 7 月,河南有色地质矿产有限公司挂牌转让所持有的河南发恩德矿业 5% 国有股权,挂牌价为 4500 万元人民币,根据河南产权交易中心的公开信息显示,该项交易明确标明了河南发恩德矿业的净资产为 86064.52 万元,5% 股权约为 4303 万元人民币。以净资产来转让股权,是中国国有企业惯常的出让方式。希尔威称报告以此推算总市值、得出与希尔威市值为 14.4 亿美元多达 10 倍差距的结论,是不妥当的。

AL 将这份报告分别寄给了美国证券交易委员会、纽交所、多伦多证券交易所、希尔威以及彭博社、华尔街日报等机构。9 月 2 日纽约股市刚刚开盘,希尔威股价应声下跌,每股从 8.5 美元直落到 7 美元。希尔威一直是聘请加拿大温哥华的安永会计师事务所进行审计。面对投资者的质疑和股价暴跌,9 月 2 日当天希尔威宣布任命直属董事会的独立委员会对指控进行逐一核实,并雇佣另一家四大——加拿大温哥华的毕马威会计师事务所展开调查,以向独立委员会提供关于公司财务状况的第三方观点。

在不断地对媒体、投资机构澄清后,冯锐应对做空的积极表现终于使得希尔威股价在 9 月 2 日稳定在 7 美元以上,几天后逐渐回升至 9 美元。正当冯锐认为危机结束时,第二轮更为猛烈的攻击又开始了。

第一轮的攻击,AL 主要质疑希尔威的财务指标,第二轮攻击则聚焦于希尔威矿藏的资源储量、矿石品位和精粉产量等更加专业的技术指标。就在 9 月 13 日、19 日、21 日、22 日,AL 连发 4 篇文章,公开希尔威在河南 4 个银矿的动态地质储量报告,称上报给中国政府部门的数据大大少于上报给多伦多证券交易所的;其次,张贴出 3 份矿石检测报告称:通过对"矿车上掉下的矿石"进行检测,银的品位只有 30 克/吨、5 克/吨、275 克/吨,相比公司宣称的品位虚增了数十倍;还发布视频,称根据对希尔威河南公司 20 天监控录像记录显示,每天从各矿区运往选厂的矿石平均为 44 车,按每车最大载重量 30 吨计算,比其公布的产量少了约 43%。

这步步紧扣的做空行动,让希尔威的高层们非常惊讶,因为这些做空者竟潜入矿区、安装摄像头、偷拍了 20 天。更为蹊跷的是,AL 公布的一些数据,如上报给中国政府的动态地质储量报告,只有企业内部和相关政府机构才有,做空者只能通过打通希尔威内部、找竞争对手或者是找政府部门这三个路径获得。但是,不管是哪一种方式,都让希尔威感到做空者的恐怖与无所不能。

但是,实际情况是,虽然这些质疑表面看上去那么让人信服,但内行一看就知道,这是在误导投资者。对于同一矿山动态地质储量国内与国外数据不一的指责,希尔威解释道,这是因为中外矿山统计规定不同所致。

多伦多证券交易所规定,矿产公司矿山动态地质储量要实时反映储量

的增减,新增探明储量被要求统计在该指标中。但河南国土资源厅 2009 年第 118 号文件规定包括 7 种情况的动态检测报告不得通过验收,其一便是"动态检测报告中保有资源量不仅不减少,反而增加较多的,另确需增加保有资源储量的,可提交一份储量核实报告。"

按希尔威的说法,近年来希尔威累计钻探 20 万米,新增储量较多,但因生产性探矿尚未结束,在 2005 年后从未编制储量核实报告。由此,近年来动态地质储量在递减,更少于上报给多交所的数据。针对第二项质疑,希尔威称,每一矿斗(约 1 吨)的金属品位,公司都要将 3 处不同位置的取样矿石打成粉混合后再行检测。对外交易时,每车矿粉则由买卖双方 6 次随机取样进行抽检。整个矿山的品位绝非仅靠路上拾来的几块石头就能确定。而根据常规,对矿石品位的检测,在空间布点、重量比例上都有一定的要求,一般 5 万吨的铁矿石就要选取 50 千克至 100 千克的样品进行检测。关于监控录像指控产量虚假,希尔威解释道,矿区内运输都存在超载现象,从矿井到选厂也不可能有人去检测每车的载重吨。而且每车矿石品位不同,即使同样容量载重也会有所不同。AL 用卡车最大载重吨推算的产量,并不准确。

但是,AL 9 月 13 日发表的报告让希尔威股价从 7.25 美元暴跌至 5.86 美元,跌幅达 19%,一天内股票市值下降 2.3 亿美元。当日股票换手率更是高达 5000 多万股,是平时的 10 倍,占整个股本的 1/3。在连续发表多篇做空报告之后,AL 的真实身份仍对外保密。冯锐认为,它们按一定梯次和时间接连发布对公司的质疑,对于很多投资者而言,若不对企业知之甚详、若非矿业内行,都会对这些蓄意攻击深信不疑。希尔威官方认为,如果唱空者与做空方没有事先达成联盟,那步调配合得如此一致,实属惊人。粗略估算,这些做空者可从中获得上亿美元的暴利,可希尔威却付出了数亿市值蒸发的惨重代价。

而希尔威并非只是 AL 的袭击对象,在此之前中国绿色农业(NYSE：CGA)、德尔电器(PINK：DEER)、优酷网(NYSE：YOKU)等 15 家中国概念股也都接连遭到他的质疑。由于这位神秘人士拒绝了美国监管机构的出面要求,2011 年 8 月德尔电器起诉 AL 涉嫌欺诈操纵股票时,纽约高等法院特准通过电子邮件方式向被告 AL 送达传票与起诉的请求,而不服输的冯锐也很快加入起诉 AL 的队列中来。

希尔威反击

希尔威董事长冯锐是湖北人,早年去加拿大留学,取得博士学位,后创业成立希尔威矿业。在同事们眼中,冯锐是一个执拗的人,并将名誉看得非常重要。在 AL 对希尔威的攻击让它赚了很多钱之后,不服气的冯锐坚持要证明希尔威的清白。当时,中概股正在大面积被做空机构袭击,分众传媒、展讯通信、奇虎都一度成为浑水、香橼的袭击对象。遭到袭击之后,上述公司都纷纷表示会对做空机构采取行动,但是却都没有下文,而冯锐是真正采取行动的一个。在做空中概股的档口,当时的他显得有点高调,频繁往返温哥华和北京的冯锐在北京做得最多的便是接受各方媒体的访问:"我现在还出席很多中概股的讲座,给一些同样被做空的中国公司支招,他们都愿意听我的。"2012 年 1 月,在冯锐北京的办公室,他对笔者这样表示。

2011 年 9 月,希尔威便针对匿名信内容,聘请毕马威会计师事务所出面

做了一份报告,以证清白。2011 年 9 月 2 日,希尔威在其公司网页上发布了第一封针对做空报告的声明,直到 10 月 25 日,希尔威先后发布 7 份面向公众及股东的公开声明。10 月 24 日,毕马威出具澄清报告,证实了希尔威公司现金及银行余额、营业收入、纳税和工商申报材料的准确性。截至 2012 年年初,冯锐接受笔者访问时他表示,希尔威已经花费了约 400 万美元用以聘请审计公司和律师,冯锐本人也投入了相当多的时间和精力去调查报告撰写人的身份。很多人都觉得冯锐反应过度了,没有必要与这群人打官司,因为这会花费巨大。但是冯锐认为,必须要揪出这个捏造中概股丑闻的罪人,为中概股正名。而对于冯锐的过激反应,外界解读可能更多的是为了证明希尔威的清白,否则在以后的业务上希尔威会难以获得合作者。

对此猜测,冯锐显得非常烦躁:"这个事在中国总要有一个人先干起来,就像我们反倾销、反垄断一样。以前官司一打,大家就觉得算了吧,躲一边去了,但是最后总要有一个人先站起来,花多少钱我不在意,我更在意的是我的名声,所以我说这个跟钱没关系,一个人活着不能光为了钱,还有更重要的名誉问题。"

冯锐认为在美国做空是个正常的事情,他欢迎做空,但是如果做空机构以匿名的方式捏造事实,是希尔威无法忍受的,之前希尔威聘请的律师跟冯锐说起诉的风险很大,会越描越黑,但冯锐不赞同,在中概股被做空的关键时刻,冯锐觉得得有人站出来说话,而当冯锐站起来和 AL 积极应战之后,希尔威的股价也开始反弹。"按照我律师的意见,我就要闭嘴,所以我辞掉了之前的律师,聘请了新的律师。"冯锐说:"如果我不起诉它们,它们现在又会发表文章攻击我。"就在 2011 年 12 月 16 日,就当希尔威以为一切都已经风平浪静的时候,冯锐发现 AL 还在派人调查,还在希尔威矿山现场拍照片,而拍照时希尔威截住了 AL 的部分调查人员。

冯锐狙击做空机构的决心非常大,不仅一掷千金,而且在加拿大和美国都请了最著名的律师来代理这个案子。"在加拿大,我请了两个非常有名的律师,一个是加拿大证监法方面最厉害的律师,另外一个是打官司最厉害的律师。他们跟我说,冯锐你别怕它们。我跟他们站在一起就能感觉这种力量。"

而经过近 4 个月的调查,这个匿名人士 AL 到底是谁,冯锐也弄了个门儿清。

AL 有 3 个代号,一个是 Alfred Little,一个是 IFRA,另外一个就是在早前一直帮助中概股海外上市的依奥斯基金(EOS Holdings LLC)。EOS 基金被起诉之后,迅速删掉了官网上的信息。希尔威和德尔留存的 EOS 官网页面截屏显示,除了出身于 20 世纪 70 年代的创始人乔恩·卡恩斯(Jon R. Carnes)外,EOS 的成员还包括:执行董事 Zane Heilig,股票交易主管约瑟夫·拉梅里(Joseph Ramelli),亚洲区经理黄昆(Kun Huang),投资调查总监黄晓夫(Jeff Huang),中国区总监刘莉,合伙人和常务董事周鸿荣(George Zhou),副总裁刘北辰(Beth Liu)、黄必强、祝蜀云、王希平、克里斯琴·阿内尔(Christian Arnell)等。他们这些人一起合作,先用自己的基金公司辅助中国企业赴美上市,待到成功套利退出之后,再用 AL 的名字发表做空中概股的报道文章。

与做空产业链上的其他主体一样,EOS 是一家注册在加拿大的名不见经传的小基金管理机构。自 1992 年成立以来,EOS 将主要的精力集中在为

包括中国在内的小型和中型公司提供第一轮和第二轮融资服务上。EOS官方网站称，近年来已经投资了25家公司。中国区EOS基金的发起人乔恩·卡恩斯(Jon R. Carnes)，2004年将EOS基金带进中国，且当时公司的半数高管常驻中国。在这场大猎杀中，隐秘的EOS因其难以回避的角色冲突而成为备受争议的一个主角：一方面它是25家中国公司的投资人，另一方面这些公司中的一些已上市中概股却又"巧合"地被做空。

冯锐很痛恨这些国外的投机者，他们先帮助中国公司上市，掌握中国公司的很多内幕情况，反过来再做空这些公司。在他眼中，一些被忽悠上市的企业，本来就是民营企业家辛辛苦苦创建出来的，他们可能不仅不懂英文，更不知道VIE结构，即使后来把学位修到了博士，冯锐都说自己还是不明白所谓的VIE结构，但是这些中介机构为了得到项目，会不停地说："我们来帮你搞定！"

而为了调查EOS，冯锐也下了大工夫。因为希尔威的矿山一部分在河南，2011年遭到做空之后，冯锐就向河南警方报了案。当年，EOS亚洲区经理黄昆被警方带走协助调查；2012年元旦过后，IFRA分析师们也被列入调查对象范围。2012年年初，冯锐说现在警方已经抓捕了AL方面的两个人。"2012年1月13日，我们派人去调查他们，他们的律师就打电话过来，说我们和解吧。我说，行啊，两亿美元，再加上一个星期内把雇佣你们的人供出来。我这是逗他们的，就是给我十亿美元，我也不和解。我要在法院上解决问题，因为他们太嚣张了。因为对我来说，名声比金钱更重要。各人的活法不一样，我不要钱。一个人如果名声都没有了，有点钱有什么用。"冯锐说。

　　而冯锐在查证中还发现，其实这些做空机构，比如浑水、香橼、AL 等，都是一伙的。2012 年 1 月，冯锐在他北京的办公室里面，向笔者展示了他搜集到的厚厚的一沓资料："你看这篇文章，2010 年 11 月 10 日这天，浑水发表了一篇攻击绿诺的文章，这个文章的第四张纸上，引用一条 IFRA 的资料，但 IFRA 从来没有发表过任何东西。在 11 月 10 日之前，从来没有任何人攻击过绿诺。所以说我通过仔细研究这条认定他们是一伙的。2011 年 11 月 11 日，AL 也发表一篇文章攻击绿诺，引用浑水的东西。回过头来说，为什么浑水要引用 IFRA 的东西，为什么它们会在相差一天或两天的时间来发表报告？那么巧合吗？AL 写完文章后，不以自己的名义发表，还以别人的名义发表？所以我说，它们之间有关系。"

希尔威败诉

　　但是，当冯锐将这帮潜入希尔威矿区、安装摄像头，并暗中监控长达 20 天，盗取到公司内部机密信息的做空机构，向纽约高等法院提起诉讼，状告 AL 名誉侵权，并上交各种证据之后，2012 年 8 月，纽约高等法院女法官 Carol Edmead 作出裁决，认为做空机构的言论，受美国宪法关于言论的保护，希尔威败诉。在判词中，Carol Edmead 提到，纽约高等法院的判决会被那些用这种方式操纵市场的人士看成为他们开了绿灯，但她还是坚决地驳回了希尔威的诉讼。

　　希尔威维权的败诉，主要原因被认为是它没有弄清美国证券机制的运作原理，也不明白做空机制在美国证券体系中的重要地位，纽约高院的一句"言论自由"就可以让希尔威的所有努力都付之一炬。

"我现在都不去理它们（做空机构）了，与它们斗是没有结果的，牵扯了我太多的精力。"2013年2月27日，笔者再次与冯锐联系时，他正在广东省云浮市运作其新的绿色矿山的项目："我现在还是专心做我们的主业，随便他们怎么说吧。"

然而，得出这样的总结，无论是对冯锐本人还是对希尔威来说，都不是一个轻松的过程，甚至付出了惨重的代价。从2011年9月1日，希尔威遭到做空机构AL袭击的那一刻起，冯锐便以狙击做空机构的首家中概股公司姿态，运用法律的武器，开始了漫长的与做空机构正面较量的旅程，而与浑水、香橼相比，更加有难度的是，这家公司AL还是匿名的，而正是这个名不见经传的做空者，一度让希尔威市值狂泻2.3亿美元。

然而经过近一年的调查，执著的冯锐确实已经将当初那个发表并不专业的做空报告的AL，以及其后的EOS基金和调查机构IFRA之间的关联，摸查得清清楚楚，并发现其实这个让冯锐在全球范围内周转调查的AL，就是其在温哥华的邻居。冯锐向河南警方报案之后，河南警方已经抓获了这一调查机构的一名华人高管和两名协助的调研人员，其中高管EOS亚洲区总经理黄昆，至今仍被关押。

事情远没有结束。败诉后的希尔威，一直到2013年3月，都像捅了马蜂窝一样，被美国多家律所发起的集体诉讼困扰着。

"这些做空机构，都是美国政府的疯狗，到处咬人。它们首先包装中国公司上市,大赚一把,等公司出现问题之后,再发表做空报告,大赚一笔。美国政府为什么不查处它们呢?"谈起败诉,冯锐显得非常失望,他认为整个包装中概股上市的环节,比如来自美国的一些并不专业的审计、券商都应该负法律责任,但是他已经没有精力再去上诉或者再对做空机构有任何回应了。

在应对做空机构这一年多来,冯锐和希尔威其他高管们牵扯了太多的精力,希尔威每个季度营收都在以 20% 的速度大幅下滑,而其股价亦从最高峰时候的近 15 美元,下降到 2013 年 3 月的 3.5 美元左右。冯锐认为希尔威的股价被严重低估了,1 月 29 日,希尔威宣布计划在 2013 年 2 月 1 日至 2014 年 1 月 31 日期间,回购 850 万股普通股,占总股本的 5%。

除此之外,希尔威"指使并资助"中国公安报复做空者的文章也一度充斥在国外媒体上。2011 年 12 月 28 日,当 EOS 亚洲区经理黄昆正在首都国际机场准备乘机赴香港时,被警方逮捕。随后,其被带到河南洛阳进行审问。洛阳是希尔威河南矿场所在地,每年洛阳 70% 以上的营收是由希尔威贡献的,而此前在洛阳,黄昆的两名同事一直在接受警方的审问。

令黄昆感到好奇是,警方在审问的过程中,总是强调:洛阳是一个很穷的地方,希尔威为当地财政作了不少贡献,你们这些做空机构恶意捏造希尔威的报告是不对的。且他感觉到,警察们在审讯的过程中,总是在电话中与专业人士在进行沟通,比如该问怎样的问题,下一步该怎么做等。

做空机构 EOS 至今还有人员被河南警方拘留,EOS 的一名研究员向笔者表示,2013 年 4 月份,他们已经将掌握到的希尔威所有的犯罪材料,上交给了加拿大皇家骑警、纽交所、美国证监会。该名人士认为,希尔威可以在中国顺利开展业务,主要是因为其有相应的背景,而美国、加拿大的资本市

场靠的是规则,EOS基金认为希尔威在调查过程中所使用的手段,已经触碰到了资本市场的底线。而此时,河南警方还控制着黄昆。

不过,冯锐在与笔者交谈中,都一一否认以上质疑,从2011年底开始,已经与EOS斗得筋疲力尽的冯锐称让这些人去折腾吧,人的时间和精力都是有限的,他目前主要将精力放在发展公司业务这块。

不理性地应对:希尔威的大败笔

美国宏观经济型对冲基金慕容投资总经理赵众认为,希尔威的败诉,能看出复杂的中美关系似乎已经影响到了中美资本层面,中概股问题的解决,除了要靠公司本身遵纪守法外,中美政府在资本层面也应该有更多的合作和沟通。

2012年年初,冯锐就向笔者表示,遭到AL的做空之后,冯锐已经将手中的业务放在一边,专心致志地对付起诉、调查做空机构。希尔威还宣布:"EOS在国内的信息网络被有效震慑,EOS很难再撰写针对中国海外上市公司的做空报告。"而这样的应对词句,似乎在告诉投资者:以后凡是要发表做空报告的做空机构,都可能会面临一些危险,而这也是对做空机制的一种践踏。当然,更深层次的原因是:这些曾经积极要到国外上市的中概股们,似乎对自己所处资本市场的本质,并不了解。

对于希尔威的败诉,《21世纪经济报道》发表评论认为,如果希尔威没有像做空机构所说的那样虚构业绩,且对自身的业绩有信心,则完全没有必要害怕做空者,希尔威完全可以用自己的良好业绩让做空机构的谣言不攻自破,就像展讯通信一样,希尔威可以利用这次的做空事件,召集全球投资人来希尔威参观,让投资者看到一个实际存在的主体是如何运营的。甚至,希尔威可能要感谢做空者,因为一次错误的做空或一份错误的看空报告,充其量只能在短期内拉低股价,而这恰好为他提供了一个低成本回购的机会,在股价回升时重新卖出这些股票便可获得一笔额外的融资。

专业做空机构之所以公开发布看空报告,是因为它们需要在一个明确的时间限制内实现其做空收益,尽管虚构业绩终将暴露,但却可能维持足够长的一段时间,特别是在一个善于维护谎言的体制内。而现有金融产品尚不能支持时间跨度太大的做空交易,况且时间过长可能将资本收益率拉低到不值得做,所以在短期内公开戳穿谎言是此类做空策略所必需的。

做空机制的存在,可以起到市场净化的作用,它甚至比任何政府监管都有效,因为它在激励机制上是充分一致的,尽管它也可能犯错误,但绝不会拿钱开玩笑。

相反,"希尔威们"的表现则让它们显得很不像是诚实的市场参与者,首先,如上所述,它们对看空报告的反应不是一种对负责任言论的正常反应。其次,作为企业经营者,他们本应是对企业持有最长远态度的人,然而在对待做空者的方式上,他们的表现很像是短期投机者,因为假如你认为某次做空是错误的,它就最多只能在短期内拉低股价,这对一个抱长远打算的人有何妨碍呢?相反,假如你认为它是正确的,那就更应该认真诚恳对待,而不是搬救兵抓人。

或许,希尔威董事长冯锐的固执性格,是希尔威本次危机的最大根源,对资本市场规则知之甚少的他,从刚开始就是为了所谓的"名誉"而战,他不

听从市场专业人士应该好好做主业的建议,反而开除这个给他建议的人,坚持要和做空机构来个鱼死网破。在败诉之后,由于牵扯到太多的时间、精力和金钱,公司业绩也急速下滑,得不偿失。

中概股该如何应对做空袭击

在前期,做空机构们重点狙击了以借壳上市的方式赴美挂牌的中概股。这些分布在各个行业的企业,都是由资本掮客运作上市。首先企业高层对资本市场不太了解,对上市公司所必需履行的职责和义务,都一知半解,更缺乏必要的应急处理能力。再者,企业在上市之前,也没有引入战略投资者,公司在被中介机构作为批发产品突击上市的过程中,并没有得到足够的培训。更为重要的是,这些企业本身也都存在或多或少的财务造假问题。

在被 AL 做空之后,希尔威董事长冯锐打了这样一个比方,打劫者对车主们一通打劫后称这些车子存在问题,实际上打劫者并不清楚车子的问题在哪儿,但车主知道这些车子的确存在问题,所以车主只好忍气吞声,于是做空者屡屡得手。而且,大部分中概股的老板英文沟通能力有限,对北美的证券法律法规和文化缺乏了解,遭遇做空后,往往不能第一时间与投资者和监管机构进行有效沟通。另外,其实反击做空需要付出巨大的时间和金钱代价,这个时间一般是 3 年以上,而大官司的金额高达几千万美元甚至更多像无底洞一样深不见底。

中概股在被做空之后已经积极对做空机构给予回击,当然前提条件是:

你真的没有财务造假，不然一切都会是白忙活。从 2010 年开始到 2012 年，中概股被做空机构狙击之后可以看到，一些借壳上市的中概股在面对做空机构的猎杀时，反应明显要比 IPO 上市的企业慢半拍，且显得惊慌失措，不知如何有效应对。如东方纸业、东南融通、中国高速频道等这些确实存在造假行为的企业，应对起来也更加没有底气，对于自家股票的大跌，本来存在重大问题的企业，也失去了澄清的原始动力，只能眼睁睁看着股票最终被资本市场抛弃。

在加拿大借壳上市的嘉汉林业，2011 年 6 月 3 日被浑水等做空后当天即称，公司已指定独立委员会对此事进行调查。公司首席执行官陈德源发表声明称，浑水的指控是"不准确、没有根据和具有诽谤性的"。7 日，公司再发声明，表示过去 5 年的财务报表是由国际顶尖的安永会计师事务所审核，期内 7 次公开和私募发行中，国际大型承销商和国内外法律事务所早已进行了"彻底审查"。但除了口头对浑水进行指控，以及从大的方向上对公司财务进行肯定之外，嘉汉林业并没有在投资者沟通层面做太多的工作。

而此时，对于被做空的中概股来说，沉默是最差的回应，但是遗憾的是，像嘉汉林业这样的企业，当时也并没有形成一套成熟的应对机制。因此，嘉汉林业没有抓住被做空后几天的良好时机，而是任凭股价市值腰斩之后，沉默了长达 3 个月时间，才作出严厉反击。嘉汉林业首席执行长马泽巽在接受媒体采访时称："我们花了 3500 万美元和 5 个月的时间尽可能地审视一切细节，得出的结论是，我们公司不存在欺诈。"但是，这么延迟的自我证明早已经于事无补，而嘉汉林业到底是不是浑水所说的欺世大谎，还未有证明，但目前嘉汉林业已经被加拿大证交所摘牌。

而相比之下,一些被做空的优质中概股总能把握先机,对做空机构进行反击。2011年11月21日,美国做空机构浑水的一份报告,让市值近43亿美元的分众传媒约40%的市值一天之内灰飞烟灭,股价从近30美元,一度下降近60%,最后收盘以18美元告终。而分众传媒在遭到做空之后,当天就积极响应,并对被质疑的条款进行逐项的回复。之后,复星、分众传媒趁势买入股票,公司同时采取为股东分红等策略,让其股价在短时间内迅速地反弹。分众传媒对质疑的迅速回应,让外界觉得之后浑水发布的报告是在无理取闹,从而迅速地扭转了市场格局。而此次的应对,可谓中概股遇袭后的应对标杆。

展讯通信被做空后,李力游亦从拿到做空报告之后立马迅速应对,不光是对浑水的报告逐条回击,还积极地组织投资者大会,向投资人一一解释,并回购公司股票,最后展讯股价不但止跌,还让浑水承认展讯通信是其猎杀失败的首家中概股,而之后原本业绩就不错的展讯通信股价大幅上涨,大幅超过了被做空时的价格。

被做空之后,该从哪些方面进行反应?奇虎360董事长周鸿祎总结了6点经验。

1.快速回应:这种事情不管你多么生气,睡不着觉,也一定要快速回应。

2.理性,凭证据说话:美国的文化和我们不一样,一定要理性地回答,凭**证据**,有一说一,反应太过激,越委屈,越愤怒,投资人越不信。

3.**加强与投资人的沟通**:每次季报发布后,我们的财务总监都会在美国**路演**,加强与投资人的沟通,中国的很多创业者,公司在美国上市了,钱拿到了,就不去见美国人了,这是不对的。

4.开放、透明:你做空我们,这正好是我们与资本市场沟通的机会。2011年年底,奇虎360做了一个投资者开放日,主动邀请美国、中国香港、新加坡等地的上百家投资基金来公司参观访问。

5.底子干净:账目审计有问题,就像身体里面有病,是经不住外部的风吹草动的,只有身体底子强壮的人才能经得住这些风寒、流感。

6.财报过硬:最后大家还是看业绩,你口头上说得天花乱坠是没有用的。

当然,需要强调的是,做好如上沟通的前提是,公司基本面实际上是良好的,否则再好的沟通也无益。而从展讯通信、分众传媒、奇虎360、恒大到新东方,可以看到当这些优质的中概股被做空后,都纷纷进行了非常有节奏和全面的回应。一般而言,由于市场的原因,"浑水们"选择的发报告的时点都是在国内凌晨的时间段,这时候,被做空公司的高管都在睡梦中。但是,这些被做空的中概股的应对方式,都是选择立刻召开高层会议,制订应对方案,它们对浑水的回应方式主要有如下几个步骤:

1.对"浑水们"的各项指控进行逐条有理有据的回应。一般情况下,在"浑水们"发布做空报告之后,该中概股股价都会有一个大幅的波动,而公司的及时回应一般都能让股价开始回升。

2.第二天立刻召开投资者会议,向投资者讲述公司的真实情况,回答投资者的疑问。与传媒积极进行沟通,对公司形象进行维护。

3.公司高层回购股票。该手法通常是一石二鸟:一方面高层可以在

股价大跌的时候,趁机吸入公司股票;另一方面,也向外界表达了高层们对公司的信心。

因为这些优质的中概股,在上市的时候,都是通过 IPO 直接上市的,它们之前就引入了 PE 投资机构对其进行过尽职调查,且上市过程中,都是找四大会计师事务所和高盛等大的投行对其进行财务审计,财务上面很少有可以被做空的空间,而这些大的公司,其创始人或者是财务总监大多在美国接受过教育,有很好的素质和国际视野。

经过两年的洗礼,中国公司尤其是那些资产良好的中国公司,相对能更成熟地应对做空机构。一般上市公司发生丑闻,影响到投资者关系,公司要做两件事:一是尽快提供各类事实证明进行反驳,二是通过各种方式最大限度地和投资者沟通。

做空经常有　造假是根源

纵观在这轮做空潮中被狙击的中概股,从臭名昭著的东方纸业到优质中概股新东方,这些企业都存在或大或小的问题。公司财务造假被做空自然无可抱怨,而新东方财报中没有被重视的小纰漏,也能成为做空机构发表研究报告的噱头。有些被做空的企业最终并非倒在问题重重的上市环节,而是栽在公开上市之后仍无所忌惮地做假账。

做空在发达资本市场上是非常常见的事情,前纳斯达克首代徐光勋就表示,这波中国概念股被猎杀的风暴主要是由造假引起的,暴露出企业借壳上市后存在的一系列问题,但纠正后可以渡过难关。而问题的关键是,中国的企业似乎存在着造假的天然土壤。连一些经过层层审核的正常以 IPO 方式上市的公司,为了到美国资本市场融资,美国的券商和律所可以为它层层开启绿灯,保驾护航,其中也不免会有几笔糊涂账。

中概股的企业家该反思什么? 在通过 APO 的方式赴美上市的企业中,确实有很多都是被中介机构游说去了美国,这类企业不仅被这些资本掮客骗走了大量的钱财,而且还因为财报不满足条件,被永久地搁置在 OTCBB 上。这里没有交易量,不能再次融资,投资人也不会去关注。随着上市中介的承诺过期,当企业发现自己募集来的资金还不够支付每年上市的挂牌维护费用的时候,企业业主们也只能吃个哑巴亏。

就像"浑水们"寻找做空标的的标准一样,造假的公司被浑水盯上,最初的原因都是因为其财务状况看起来好得令人难以置信。而更加让"浑水们"确认其自身判断的是,很多审计机构或者是中概股的财务总监为了保住自己名声,拒绝在财务报告上签字负责,纷纷辞职或者是被解聘,导致公司迟迟不能向美国证券交易委员会递交相关文件。一个不容置疑的事实是,中概股的造假行为,确实存在着深厚的土壤,在一般情况下,造假需要全产业链(包括工商、内部)配合。

例如,中概股企业递交给工商部门的资料和递交给美国证券交易委员会的文件的各种数据,如利税、资产、收入数据等,可能有数百倍的差距,比如在美国上市名为中国清洁能源的陕西索昂生物科技股份有限公司,从当地税务机关后来开具的记录表明,该公司从 2008 年至 2010 年的纳税记录为 0。而这种情况,是被中国国家工商总局默许,且不追究的。

《南方周末》报道了美国会计师事务所 Malone Bailey 合伙人 George

Qin 在中国做审计时的见闻给出来源。

George 是一名华人审计师,曾经在德勤、普华永道等事务所任职多年,目前在公司负责中国区业务。他在与中国人做生意的过程中发现,还有比企业自己造假更可怕的事。他发现中国国有银行的工作人员,居然敢在银行里当面给他提供假的对账单,在不同的国家都见过世面的 George 觉得太不可思议了。

Malone Bailey 共有 25 家中国客户,2011 年以来这家事务所已宣布其中有 9 家存在银行账户造假问题,并辞去了这些公司的审计工作。最早 Malone Bailey 审查客户的银行对账单时,并不需要经由银行提供,而是由企业自己提供,因为也没有想到银行对账单会是假的。后来发现造假之后,Malone Bailey 对中国客户"特殊对待",要求由银行出具被审计企业的对账单。但此后的奇遇,超出 George 所有的人生阅历。他曾到一家银行去打印企业某一个账户的对账单,银行工作人员找出各种理由告诉他,当天打不了。在其强硬要求下,银行人员打印出来的账户,又并非他指定的账户。

再比如,银行经理的业务专用章应是唯一的,但 George 却发现两张由同一位经理交来的对账单上,同一个业务章的字体、笔画粗细略有不同——他不能不怀疑,是企业私刻了银行公章,盖在了假的对账单上,再交给银行业务经理拿给审计师。

George 在数家银行遭遇了类似情形,其中包括两家国有银行与一家沪上股份制银行。铁证表明,银行部分工作人员与企业里通外合,伪造虚假对账单,虚构销售收入和业务往来。他气愤地说:"我不明白这么普遍的犯罪为什么没人管呢?银行真的不知情吗?"

"企业利用了运营地和上市地之间的空间区隔,得以成功地欺骗并逃脱惩罚。"美国证券交易委员会主席玛莉·夏皮洛(Mary Schapiro)如此评价这些中国造假股。中国证监会对海外上市公司并无管辖权,而美国证监会则很难跨越大洋,亲临公司所在地核查。但这个漏洞正在被填补上——最新的消息是,中美两国的监管部门将在数月内达成一份跨国监管协议,双方在对方境内享有同等的监管权。

另外一点是,中国公司总是用最低的会计制度来要求自己。这不光发生在一些通过 APO 赴美上市的企业身上,就连新东方也承认自己的财务方面做得不够严谨。

中概股造假被很多人痛骂,认为中概股到美国圈钱,败坏了中国人的信誉,但是也有中概股在美国被造假机构玩的案例。上市才整整一年并于2011 年 2 月宣布私有化退市的香格里拉藏药就是这样一个例子。2010 年,当这家名不见经传的香格里拉藏药登陆纳斯达克的时候,大家都充满疑惑,不知它到底是何方神圣。因为作为一家上市公司,它不但没有自己的官方网站,药店也不见其药品售卖,甚至连同为香格里拉地区的药厂老板们,都没有听说过这家叫做香格里拉藏药的药厂。正是这样一家公司,却在 2010年 1 月 25 日顺利 IPO 在纳斯达克挂牌,融资 1650 万美元,上市主承销商为安德森投行(Anderson & Strudwick),2011 年 12 月被一家叫 Stene Agees的美国小投行收购。

在美国挂牌才短短一年的时间,也就是一年之后的 2012 年 2 月 27 日,其董事长兼 CEO 余宏即提出了私有化要约,计划以 3 美元现金的价格回购所有流通股,比前一日的股价溢价 417%。如此蹊跷的一家公司,有很大嫌

疑仅仅是一家壳公司。而之后又有媒体爆出，时隔一年香格里拉藏药募集的资金并没有被转到国内，这笔资金的实际控制权掌握在投行手里，而投行之所以能实现这一点，则是利用了中国民营企业家对于上市公司结构的不熟悉，在融资转回中国内地的道路上设置了障碍。而对于余宏来说，公司上市之后，他不但迟迟没有拿到融资，而且原本属于自己的公司，却在上市后失去了对其的实际控制权。就在私有化还未尘埃落定的时候，纳斯达克突然宣布对其临时停牌，后又因为财报没有及时公布而被摘牌退到粉单市场。本来就存在财务造假的香格里拉藏药此次是吃了哑巴亏，无处申诉。

中概股该如何应对

有关中概股被做空之后公司应该如何应对的问题，2012 年 12 月 15 日，在由 i 美股举办的首届中概高峰论坛上，新东方副总裁陈向东现身说法，分享了新东方的应对经验。他认为，首先信息披露和沟通机制是需要加强的。对新东方引发 VIE 结构的质疑是因为出了支付宝 VIE 结构调整事件、双威教育造假事件之后，新东方把 VIE 的股东结构调整了，很多股东离开了新东方，最后把股东变成了俞敏洪，但是当时没有意识到要公布，等到法务部门单独跟俞敏洪沟通并完成转化后才公布，新东方聘请的律师事务所、法务部门、财务部门，都没有敏感地意识到要在第一时间披露。带给新东方的思考是，公司在发生变动之后，还是应该第一时间发表公告解释，等到别人发现你再解释跟你自己主动解释，是两个不同的概念。主动沟通是特别关键、特别重要的。

其次，关键部门的岗位职责要明确，上市之后有投资部门、法务部门、公关部门、财务部门,还有外面对接的几大部门,这些部门之间要好好匹配,互相支持,这样才能迅速地应对做空机构的质疑。

再次,应对的时效性要提升。新东方 VIE 结构的变更发生在 2011 年 11月,2012 年的二、三月份变更完毕,但披露不及时,美国证券交易委员会在 2012 年 4 月份时就开始咨询新东方,但并没有引起团队足够的重视,所以,之后在应对美国证券交易委员会的质疑或者是咨询时,公司一定要积极和及时地应对。

最后,管理层要更加自信。就像新东方一样,股票下跌反而对管理层有好处,此时可以增持股权,成本还比较低,到最后还是双赢的结局。

而陈向东对做空的应对总结是,及时有利回应,符合监管规范,聘请专业人士,遵循市场规则。泰富电气杨天夫的思考则是:中国企业,如果你自身强,也不要怕被它们做空,积极应对,没什么可怕的。如果公司确实有问题,遭到做空机构的袭击,就自认倒霉,不要回应了。他认为,中国民营企业,在短时间内能从小做到大,企业家利用各种方法包括在境内、境外找钱、融资,好不容易才让企业生存下来了。虽然一些企业被专业人士所设的圈套所连累,但是毕竟在早期,中概股都在美国资本市场上融了钱,在哪个市场上生存,就要遵循那个市场的法则,更快地融入资本市场,熟悉资本市场规则,这是中国企业走向海外时,就应该学会的一门功课。

通过希尔威的败诉事件可以看出,与做空机构过多的正面较量,一来牵扯管理层太多的精力,影响公司业绩,二来也助长了做空机构的气焰,显然,中概股如此较真,得不偿失。而同样的问题也发生在新东方身上,新东方的管理层在 2012 年,由于将过多的精力放在了应对浑水做空上,业绩已经大幅

下滑。2012年下半年,李开复亦发起了挑战做空机构的行动,他召集了中国60余位来自资本市场和企业界的人士,想要一起打假做空机构香橼,对香橼报告的专业性进行了质疑,但是并没有引起太大的波澜。从专业性方面对做空机构的狙击带来的好处是,这些做空机构以后在发表报告时,将会更加谨慎和有条理,若公司业绩本身存在问题,与做空机构的较量将没有半点意义。因为,业绩才是中概股们应对做空机构的最好利器,而资本市场对于中概股信心的恢复,仍然还是要以业绩和诚信来说话,对做空机构的还击上花费过多的精力,是愚蠢的。

做空机构 AL 的澄清

中国市场普遍认为,做空机构存在先是将中国企业辅导上市,再做空牟利这样一条产业链。上述提到的辅助中国企业上市的加拿大基金 EOS,同时还是发表做空报告的 AL 向笔者发来邮件,就美国市场针对中概股形成所谓恶意产业链问题,作了如下陈述:

一、根本无所谓恶意产业链的存在,市场就是赚钱和赔钱的地方,须知中概股的主要投资人是美国的基金公司,美国人不会和自己的钱过不去,不会故意针对中国公司。如果坚持说道产业链,这条产业链实际上在20世纪30年代以后已经建立,包括发表文章揭露欺诈公司,卖空股票然后律师行跟进进行集体诉讼等动作。这些机制的建立就是市场监督体系非常重要的一部分,毕竟作为美国证券交易委员会,它的监督力量非常有限,而作为市场的参与者,任何人和机构都可以对这些上市公司进行层层监督。这条所谓的产业链运作模式中概股公司已经领教过了。它的产生不是针对中国公司,而是针对造假和公司治理不规范的企业。在此让我把这套机制运作方式再次详细描述:分析师或其他方面的人员发现上市公司的疑点,然后搜集材料来求证。充分发现问题以后,撰写文章进行发布,公开质疑上市公司的可疑问题以及用各方面的证据,号召市场(包括散户和机构)卖空其股票。然后律师行发起集体诉讼,最后美国证券交易委员会或相关的政府机构进行查实。

中概股公司不要痛恨这套机制,就是因为这套机制才给了中国公司有了在美国上市的机会。美国安然公司财务造假,隐瞒公司亏损情况,此举被一个美国的女记者从其财报的蛛丝马迹中发现,连续跟踪数年,市场开始注意该公司的非正常现象,很多分析师和机构开始跟踪这家公司,更多的疑点被挖掘出来,该公司最终土崩瓦解。美国监管机构鉴于该公司的教训,规定了两个关联公司财务并表事项,然后律师从中找到了中国公司建立离岸公司和美国壳公司进行合并的法律依据,这就是问题多多的借壳上市,RTO(反向收购上市)。所以中概股公司不应该对此制度耿耿于怀,而应该心存感激。

二、有人认为这是美国针对中国的阴谋,即沽空中国。

针对此点,我想说的是,首先让我们假设如果有这个阴谋存在的话,仅仅华尔街的几家发表文章揭露造假公司的机构就具备沽空中国的实力了吗? 如果中国的经济实力羸弱到如此地步,还用

别人沽空吗？这场风暴其实质只不过是大部分的 RTO 公司严重造假,殃及了少部分的中概股公司。

中概股的主要问题就是把美国市场当成了中国 A 股市场,以为一旦上了市就可以放心大胆地套钱,一切都高枕无忧了。殊不知美国市场在经历了数百年的发展逐步完善,早就形成了一整套完整的淘汰不合格公司的机制。中国市场现在的情况和美国 20 世纪 30 年代最为类似,中国上市公司现在玩的那套财务包装等手段是美国人几十年前就玩过的东西。只不过中国的公司老板们没有机会见识罢了,而这一次终于领教。曾经在 2007—2009 年期间碰到过很多的中概股公司老板(大多数为 RTO 公司)骄傲地提及:"美国人简直太傻了,一些我们知根知底的中概股到美国上市,它们的财务人员把公司的毛利润和净利润'做'得太高了,这些老美整天不去中国根本什么都不知道,我们自己的财务人员应该再大胆一些,和其他公司相比,我们才从美国人这儿拿回了多少钱?"2010年,中概股危机开始愈演愈烈,中概股公司最终为自己的行为付出惨重代价。

三、中概股诱发的导火索以及造假中概股不可避免的失败。

中概股经历过 2007—2009 年的短暂春天以后,很多企业从美国拿到了所谓投资人的投资。一些 RTO 企业终于"奋斗成功",企业老板本该给企业上市的有功之臣论功行赏、兑现承诺,但一部分老板背信弃义,曾经给员工许下的承诺不给兑现,甚至把一些人员逼走,导致了一些企业员工和老板的矛盾不可调和,个别的员工便向某些行业人员或者机构爆料。于是市场对此情况开始有所警惕,进而进行更加细致的调查,发现了很多的问题,譬如纳税记录或者工商登记等。之后浑水横空出世,市场幡然醒悟,随即步调一致,拉开了中概股沽空大潮的序幕。大部分 RTO 公司的包装上市和上市以后继续疯狂造假导致了中概股在过去 20 年所积累的信用片刻土崩瓦解。

被波及的未造假公司确实有,但它们确凿无疑地只占了中概股的少部分并且深受殃及池鱼之苦。但是当大部分的中概股公司出现问题的时候,在各方面消息不透明和不可靠的情况下,中概股遭遇整个市场的用脚投票不可避免。所以出现了很多的大公司遭遇到一轮又一轮的质疑,管理层深受其扰,但是又无可奈何。

四、美国资本市场的游戏规则制定的基础类似于美国的政治体制的三权分立,即建立一种机制,互相监督,互相制约。资本市场由多空两股力量进行博弈,以此达到估值方面整体的平衡。

周鸿祎的忠告

周鸿祎经历了 6 次与香橼的反猎杀之战,在被做空机构盯上之后,如何反猎杀,他感触颇深。在接受《创业家》杂志采访的时候,他将奇虎 360 的反猎杀之路作了详细的讲述。

他认为做空就是为了挣钱,光明正大地挣钱天经地义,当中概股的公司遭遇到做空机构的袭击之后,不要生气,一定要平和、开放、透明,主动出击,与投资者沟通。

迅雷CEO邹胜龙对于香橼盯上奇虎,感到非常的惊讶。在2011年年底以前,作为中概股做空潮的旁观者,他对做空机构是非常敬佩的。在他的逻辑里,几年前中国这一批到美国上市的企业,造假者不在少数。"一些造假方法超过美国人的想象。拿出那种玩儿A股的精神,第一年赢利,第二年亏损,第三年就ST①。路演的时候给人吹得都挺好,一到交季报的时候就老做不到。"

当有美国的做空机构出来对这些中概股进行讨伐的时候,周鸿伟一直都在当笑话看,并对做空机构非常尊重,认为它们的存在使得资本市场更加干净。说自己是在看笑话,是因为他认为自己所在的互联网行业,是基本不可能涉及财务造假的。中国的互联网企业在去美国上市之前,一般都拿到了国际大资本的投资,而这些资本进来之前都要对企业的财务状况进行摸底调查。且奇虎所在的领域由于竞争激烈,作假太难了。

所以,当香橼第一次发动对奇虎的袭击时,周鸿伟感到非常的惊讶。

2011年12月9日,香橼在美国股市开市前发表了首份对奇虎的看空报告,邹胜龙拿到这份报告的时候已经是晚上10点多了。在他看来,这种事儿不管多么生气、睡不着觉,都一定要快速回应。于是,他与把网站、浏览器、IR(投资者关系管理)、财务、法务、公关等相应一堆主管都纷纷请到办公室,

---

① ST股是指境内上市公司连续两年亏损,被进行特别处理的股票。——编者注

开始研究报告。

仔细研究完报告之后,奇虎管理层显得轻松多了,因为他们发现香橼质疑的很多问题都很幼稚,香橼甚至连对奇虎的模式都说不清楚。确实,奇虎为用户提供免费杀毒软件的模式,在国外并没有比照的对象。中国公司到美国去上市,通常都要在美国找一个比照对象,比如说是中国的"亚马逊"、"谷歌",美国人就很容易理解。但奇虎360在美国找不到这种对象,360这个模式确实难以理解,周鸿伟在奇虎上市前在美国路演时,就一对一地给基金讲了100多次。路演的结果不错,也说服了很多人,但是奇虎在上市后每次举办投资人会,他都要重新解释一遍。

看了很多美国分析师写的报告之后,周鸿伟发现,其实美国资本市场对中国的理解非常肤浅,不了解中国的情况及中国用户的习惯,就用一些概念、名词来作解释,想办法把中国公司套到美国人能理解的模式上。

周鸿伟尽管第一次感到香橼来者不善,但他觉得一味地与香橼打口水仗并没有太大的意义。他还是以一个产品经理的态度,非常礼貌地把香橼所有的问题做了个书面解答,奇虎的管理层认为这正好是与资本市场进行宣传和沟通的机会。

周鸿伟认为,在美国的资本市场大家都很理智,若被做空之后反应太过激,越委屈、越愤怒,投资人越不信,所以一定要理性地回答,凭证据,有一说一。他在论述结尾还表示欢迎香橼到中国来进行面对面沟通。

第二天,奇虎组织了电话会,针对质疑向投资者逐条解释。这也是被做空之后最关键的一点,必须要让公司的股票持有者理解你,保持对你的信心。所幸的是,香橼的第一篇报告对奇虎股价的影响不是特别大,当天跌了

不到 10 个点,周鸿伟认为这与他们团队的快速回应有关。而他亦单纯地以为,奇虎已经解释得足够清楚了,香橼不会再折腾了。

但是他们没有想到,半个月后,香橼又出了第二篇报告,这次则是围绕着奇虎的收入说事儿,而这更是让周鸿祎觉得香橼有点儿故意找别扭。"比如我们网站生意做得很好,因为这两年电商很疯狂,大家拿了 VC(风险投资)的钱就投到我这儿来了,但香橼非拿没交钱的网站来说事儿。一个网站,里面不可能所有链接都是交钱的,比如百度,但中国人都用百度,我能不放吗?香橼就说,你看,据我们调查,百度是不付钱的。"周鸿祎表示。

周鸿祎的管理团队跟之后的几次一样,对于香橼的第二次做空,又解释了一遍。但是,这也让周鸿祎逐渐看清楚了香橼的本来面目。他认为香橼就是在揣着明白装糊涂,为了做空而做空,已经不讲道理了,但即使在这种情况下,周鸿祎仍然是香橼说什么就解释什么。"我不攻击你,这是我们一直坚持的一个态度。生气没意义,对方躲在暗处,每天可以写一篇文章骂你,你一生气不就正中他下怀吗?尽管你知道,他就是个坏人,可能是竞争对手派来黑你的,他也顺手挣钱,但你还是要摆出一种姿态,平和、开放、透明。有些公司在面对做空时特别愤怒,愤怒会让人乱了章法。"周鸿祎认为。

就被做空之后,该如何有效地应对,周鸿祎曾经问过同样遭遇过做空的展讯,而展讯被做空之后的快速反应,让周鸿祎深受启发。

2011 年年底,奇虎还做了一个投资者开放日活动,主动邀请美国、新加坡及中国香港等地的上百家投资基金来公司。跟当年路演时一样,周鸿祎又讲了一遍奇虎公司的模式,并回答基金公司提出的各种问题。整个应对的过程,奇虎都显得比较和平,并充分地把公司向投资者们敞开,并愿意接受任何人的问题及来访。

2012 年 1 月,在中概股普遍低迷的情况下,奇虎还做了一个 5000 万美元的回购计划。董事会授权财务总监,一旦奇虎的股价跌到发行价之下,就开始回购,而这也显示出奇虎对自己的信心。

回想起奇虎的创业历程,在周鸿祎的带领下,奇虎一开始就至少有超过 10 家正规的风投进来,而这些投资机构对奇虎的要求也是非常严格的。"公司还很小的时候我们就请了一个搜狐的财务负责人过来做我们的财务总监,很早就用'四大'做审计。2011 年 360 上市,跟我们同时递交申请材料的有很多中国互联网公司,我们第一个就冲上去了,很简单,就因为我们审计材料做得无懈可击。"周鸿祎说。

但是,不是所有的创业者都像周鸿祎一样,有较好的专业背景。很多创业者都是草根出身,创办企业的时候,很多制度都不健全,公司账目比较乱。周鸿祎建议创业者如果真的想做一个公司,历史一定要干净。他认为账目审计有问题,就像身体里有病,是经不住外部的风霜雨雪的,只有身体强壮才能经得住这些风寒、流感。对付做空,最根本的,一是自己要干净,不要有问题,二还是看业绩。

在第二次被做空时,奇虎发布了季报,业绩好,股价旋即上涨。每次季报发布后,奇虎的两个财务总监都会在美国路演,加强与投资人的沟通。周鸿祎认为,中国的很多创业者,公司在美国上市了,钱拿到了,就不去见美国人了,这是不对的,要不厌其烦地去见投资人。他认为投资人可用来投资的钱是一定的,但是他们面对各行各业,几百几千种股票,要买谁持有谁,投资人其实也很困惑,这就需要沟通。如果一个股票被投资人忽略,都是散户在

炒的话,股价当然很不稳定,就很容易被做空。如果都是一些长线投资者,看好你的未来,愿意持有你,无论怎样波动都是重仓持有,逢低就买进,公司的股价就会非常坚实。而要达到这种状态,就要建立信用。信用的建立不仅要靠沟通,还要靠不断的好的业绩。

做空者的动机其实很单纯,就是为了赚钱。当香橼、浑水将一些确实有造假历史的公司顺利做空之后,便开始瞄上优质的中概股了。而奇虎是中概股中少数几家股价在发行价之上的。周鸿祎认为香橼在乱找目标,也可能有人给它递黑材料。"香橼的第一篇报告里把我们的上市地纽交所写成了纳斯达克,这是个只有中国人才会犯的错误。所以我认为是我们的竞争对手利用香橼来搞我,但这个竞争对手可能也没给它真实的材料,它可能被误导了。这个过程中,还出现过一家名为德勤观察(Deloitte-Watch.com)的网站,看名字第一感觉这是德勤旗下的网站,其实和德勤毫无关系。这是典型的中国人的作假方式。它出现一次后就消失了,肯定是个马甲。"

而在随后的第三次、第四次到第六次的做空中,周鸿祎觉得香橼真的是为了做空而做空了,鸡蛋里挑骨头,但几次都没打到点儿上,所以对股价影响都不是特别大。而香橼损失的,则是自己的公信力。所以,后来几次,都是财务总监们在处理,周鸿祎已经不去理会了。

而2012年年中,香橼改变策略,在做空360的同时做多搜狐,引起了李开复的质疑。香橼除了做空,还突然开始推销股票。过去的遮羞布被撕掉,更是让周鸿祎看清其真面目。

香橼总共对奇虎发了6次报告,周鸿祎都作了及时的应对。他认为企业遭到做空,对自身而言还是有非常负面的影响的。"三人成虎。你到网上一搜,搜到的都是负面消息。同时,老让香橼这种机构误导,最后确实会把中国公司的名声全给搞坏,风险投资就不会再投,那么创业者还怎么创业啊?今天中国的创业者靠中国本土的银行贷款,靠政府对中小企业扶持,可能吗?还得靠风险投资(Venture Capital,简称 VC)。VC 赌什么?VC 要赌你会上市。很小的企业能在 A 股上市?可能还得去中国香港或境外。"

他认为对于中概股的形象问题,中国概念股在美国如果做得好,也代表了大家对中国经济的信心。如果中国概念股都纷纷退市,虽然是民营企业,对中国概念也有伤害。中国互联网公司面临的一个共同问题就是 VIE 结构,他认为政府应该对现有的 VIE 结构给个鲜明的认可态度。

遭到做空之后,确实要牵扯管理层很多的精力来应对,香橼每次提出问题时,德勤就会收到举报信、匿名信,即使明知道是无稽之谈,也要按程序对奇虎再进行审计。"举报者给德勤美国施加很大的压力,最后德勤对我们的审计是前所未有的,每个客户合同都要看。德勤要增加很多工作量,我也要跟着多交审计费。每次审计,我们财务部的人都是天天连轴转。此外,我们每次还要按照 SEC(美国证券交易委员会)的规定,针对德勤提出的问题(大家都明知道是假问题)成立独立调查小组,给德勤出一个调查报告,同时在 SEC 备案。"周鸿祎解释道。但是他认为,去美国上市,不要光想着股价高、市值高,拿了投资人的钱,就要接受游戏规则。

在这个过程中,周鸿祎也考虑过要不要起诉,其股东也是两派意见。而在周鸿祎看来,起诉是一件很难的事情,在询问 SEC 之后,发现 SEC 对这种做空公司是默许和支持的,因为 SEC 要保护做空者做空的权利,而做空者都是此中高手,他们都会很注意自己的邮件往来,全是匿名,也很难追查到他

们之间的关联交易。周鸿祎和分众传媒创始人江南春为此还一起到美国找律师分别聊,律师们的观点也与他们的预想一致,做空者都提前做了很多准备,他们的说话都一定是律师看过的,很难找得到痕迹。周鸿祎旋即放弃,因为通过诉讼,效率特别低,而且在美国打官司也挺费钱。

到目前为止,中国公司中只有希尔威矿业动用了法律武器,投入了很多精力、物力,最后却也不了了之。周鸿伟认为如果觉得公司没问题,就算被人诬陷了,泼了脏水,股价会出现短期的起伏,但只要公司耐心解释、沟通,然后专心把业务做好让股价恢复,就是对做空者最大的惩罚。

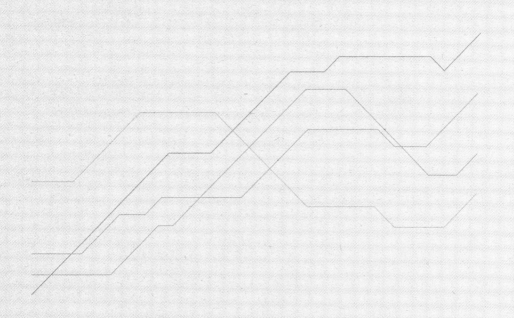

Chapter 5

中概股的出路

从 2012 年年末开始,一些位于纽约的大型律所的中国律师们明显感觉到,手头上关于中国公司寻求私有化的案子变多了很多。而这与中概股被做空以来,中概股股价持续下跌,不能反映公司价值,以及不少律所和投行向中概股们兜售私有化的概念不无关系。中概股私有化其实并不是新鲜事,在美国挂牌的 500 多家中概股中(包括主板和 OTCBB),截至 2013 年 3 月,已经成功私有化的有 17 家,正式宣布私有化计划的有 21 家,在刚刚过去的 2012 年,就有 15 家正式宣布私有化方案,更多的中概股私有化的消息似乎还有待正式公布,华尔街的很多律师们也都同时经手多个中概股私有化或退市的交易。根据律所们目前接手此类案子的忙碌程度以及一般私有化案子的代理时间,市场预计 2013 年中概股私有化的数量有望呈指数级增长。

中概股私有化浪潮

中国企业从一窝蜂跑去美国上市,到因造假遭到投资者质疑、股价无法

得到合理反应,纷纷寻求退市,这个过程只用了近 10 年的时间。而这 10 年,也反映出美国投资者眼中的"中国概念",从起初的无比青睐到"最好不去碰"的态度的转变。确实,自从"浑水们"对一些借壳上市的中概企业进行精准打击之后,中国概念在美国投资者眼中已经被贴上了造假的标签,加上全球经济的低迷,很大程度上影响了寻求在美国上市的后来者去美国上市的进度。

"中国概念"正在美国市场遭遇前所未有的危机,更多的公司无法到美国上市。2012 年年初以来,除了唯品会(NYSE:VIPS)上市并破发,以及李学凌带着类腾讯概念将欢聚时代(NASDAQ:YY)带到纳斯达克以外,其他冲刺上市的公司都喋血前夜。除此之外,一些已经上市的中概股的情况也非常糟糕,据笔者统计,截至 2012 年 8 月底,已经在主板挂牌的 200 余家中概股中,持有现金大于市值的企业只有 50 家。

2013 年以来,部分中概股股价开始有回升迹象。前罗仕证券中国区负责人马骏就预测,2013 年宣布退市的数量应该低于 2012 年,股价的回升使优质企业减少了退市的动力,又增加了私有化的成本。其次是私有化以后的出路:港股上市的估值并不理想,2012 年年中开始,A 股 IPO 已经叫停,而目前还没有一家在退市后重新上市的企业。

从 2010 年开始,一些被狙击的中概股陆续从美国私有化退市。目前成功私有化的中国公司包括哈尔滨泰富电气、同济堂药业、康鹏国际、SOKO 健身、经纬国际、盛大娱乐、合众国际等在场外交易或者主板上市的大中型企业。2011 年,一共有 37 家中概股从美国退市,而到了 2012 年,一些认为价值没有得到体现的优质中概股开始私有化退市,这里包含分众传媒、盛大等。从 2010 年 4 月至 2012 年 11 月 20 日,在大约 45 家提出过私有化方案的中国公司中,已经有 7 家因为种种原因终止了该计划。

据统计,2011 年全年,国内共有 11 家公司在美国上市,有 30 家中国公司从美国三大市场退市,约占中国概念股总数的 1/10,主要退市方式包括退到 OCTBB 继续交易、退至美国粉单市场以及完成私有化主动要求摘牌等。其中,部分企业或涉嫌内部交易,或涉及潜在财务造假,抑或是无理由迟交年报和季报,进而股价大幅下跌,直至最终被停止交易。

从 2011 年中概股公司退市的原因来看,在 37 家中概股退市公司中,因私有化而主动退市的有 8 家,约占 22%;因股价长期处于 1 美元之下而被迫退市的有 4 家,约占 11%;因无法满足信息披露等要求而退市的有 15 家,约占 41%;因财务遭质疑而退市的有 6 家,约占 16%,如图 5-1 所示。因种种原因而被退至粉单市场的共有 29 家,约占退市总数的 78%。粉单市场里交

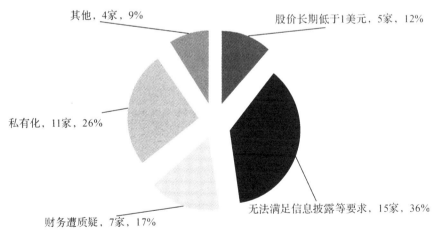

图 5-1　2011 年中概股退市原因

数据来源:i 美股网络。

易的股票,被称为"垃圾股票",大多是因公司本身无法定期提出财务报告或重大事项报告,被强制下市或下柜,如图5-1所示。

表5-1　2011年中概股公司退市情况及原因

序号	代码	股票	上市日期	退市日期	方式	原　因
1	XSELD	新华悦动传媒	2007年12月7日	2011年3月	粉单	股价长期低于1美元,2011年3月9日正式被纳斯达克市场除名
2	CTEK	新兴佳集团	2010年7月13日	2011年4月	粉单	未能及时向纳斯达克提交有关2010年12月完成的财务重组相关情况,因而未能满足5205(e)、5250(a)(1)法案的要求
3	DYNP	多元印刷	2009年11月9日	2011年4月4日	粉单	被质疑造假
4	TCM	同济堂	2007年3月16日	2011年4月15日	私有化	
5	CAGC	艾瑞泰克	2009年9月21日	2011年5月24日	粉单	未能按时提交2010年10－K文件,此前因财务问题曾被质疑
6	CCME	中国高速频道	2010年	2011年5月19日	粉单	业绩遭质疑
7	SDTH	盛大科技	2004年	2011年6月	粉单	不符合交易规则被纳斯达克暂停交易
8	NWD	新龙亚洲		2011年6月	粉单	股价长期低于1美元被警告退市
9	FUQI	福麒国际	2007年10月23日	2011年3月29日	粉单	不能在3月28日之前向美国证券交易委员会提交截至2010年12月31日的10－K年报

续表

序号	代码	股票	上市日期	退市日期	方式	原因
10	CELM	岳鹏成电机	2010 年 1 月 31 日	2011 年 6 月 14 日	粉单	未能及时提交财报
11	CBEH	西安宝润	2009 年	2011 年 6 月 15 日	粉单	被质疑隐瞒了大量公司与公司高管及董事之间的关联交易事项,之后又未能达到纳斯达克信息披露要求,2011 年 4 月 21 日被停牌,至 6 月 15 日退市
12	CDM	盛世巨龙	2011 年	2011 年 6 月	粉单	
13	NIV	纳伟仕	2009 年	2011 年 6 月 23 日	粉单	会计记录、银行对账单以及应收账款与真实情况存在严重的差异
14	CIL	智能照明	2010 年	2011 年 6 月	粉单	涉嫌造假
15	CRTP	瑞达电源	2009 年	2011 年 6 月	粉单	未及时提交年报
16	CHBT	中国生物	2005 年	2011 年 7 月 20 日	粉单	未能提交截至 2011 年 3 月 31 日的 10－K 年度财务报告
17	JGBO	江波制药	2007 年 10 月	2011 年 8 月 4 日	粉单	不再满足在纳斯达克继续上市的条件
18	CABLF	中视控股	2008 年 7 月 30 日	2011 年 8 月	粉单	长期低于 1 美元被退至 OTCBB
19	LFT	东南融通	2007 年 10 月 24 日	2011 年 8 月 17 日	粉单	涉嫌造假
20	PUDA	普大煤业	2009 年	2011 年 8 月 24 日	粉单	涉嫌重大误导及遗漏,没有及时提交截至 2010 年 3 月 31 日的季报(10－Q)

续表

序号	代码	股票	上市日期	退市日期	方式	原因
21	YUII	山东昱合	2009 年	2011 年 8 月 2 日	粉单	没有披露更多的相关信息
22	FTLK	乐语中国	2009 年 12 月 17 日	2011 年 8 月	私有化	
23	TBV	天狮生物	2003 年	2011 年 8 月	私有化	
24	CPC	康鹏化学	2009 年 6 月 23 日	2011 年 8 月	私有化	
25	WATG	万得汽车	2005 年	2011 年 9 月 9 日	粉单	不能及时递交财务报告
26	CTESY	中国能源技术	2010 年 11 月 3 日	2011 年 9 月 15 日	粉单	
27	SBAY	数百亿	2010 年	2011 年 9 月	粉单	可能向投资者公布过大量的虚假财报和信息展开
28	CSR	安防科技	2007 年 10 月 29 日	2011 年 9 月	私有化	
29	KEYP	科元塑胶	2009 年 4 月	2011 年 10 月 7 日	粉单	涉嫌造假
30	CHINA	中华网	1999 年 7 月 13 日	2011 年 10 月 26 日	粉单	业绩亏损
31	CFSG	中消安	2004 年	2011 年 11 月 4 日	私有化	
32	CIIC	中国基础设施投资	2008 年	2011 年 11 月 21 日	粉单	股价连续 30 个交易日不足 1 美元
33	ABAT	中强能源		2011 年 11 月 30 日	粉单	无法提供纳斯达克要求的信息
34	HRBN	泰富电气	2005 年	2011 年 11 月	私有化	

续表

序号	代码	股票	上市日期	退市日期	方式	原因
35	CDCS	CDC 软件	2009 年 8 月 6 日	2011 年 12 月 12 日	粉单	业绩亏损
36	GEDU	环球天下	2010 年 10 月 8 日	2011 年 12 月 21 日	私有化	
37	CEU	中国教育集团	2004 年 9 月	2011 年 12 月	粉单	连续 30 天市值都没有达到 1500 万美元

而到了 2012 年,中概股私有化退市成了主旋律,在 2012 年宣布私有化的 15 家企业中,首先当然不排除有受到严重造假指控的公司,如借壳上市的普大煤业和上市仅一年就以 4 倍溢价宣布私有化的香格里拉藏药。而对于一些优质的中概股,如分众传媒、亚信联创等私有化退市的主要原因是这些上市公司认为市场对公司股票估值偏低,回国内资本市场上市,会得到投资人的更大认可,而目前中概股股价处于低位,且私有化成本较低,是中概股合适的私有化窗口期,因此,许多企业的大股东和管理层选择了私有化这一路径。2012 年中概股企业私有化情况如表 5-2 所示。

表 5-2 中概股企业私有化情况

发私有化邀约时间	公司名称	上市时间	交易情况	上市方式	大概市值（亿美元）	私有化价格较前日溢价
2012 年 1 月 6 日	经纬国际	2007 年 5 月 17 日	完成	APO(2010 年 5 月 20 日)	0.03	16.40%
2012 年 1 月 9 日	普联软件	2008 年 9 月 9 日	未决	IPO	0.224	87.10%
2012 年 1 月 20 日	亚信联创	2000 年 3 月 3 日	未决	IPO	7.44	

续表

发私有化 邀约时间	公司名称	上市时间	交易 情况	上市方式	大概市值 （亿美元）	私有化价格 较前日溢价
2012 年 2 月 21 日	北大千方	2008 年 7 月 31 日		APO	1.46	9.71%
2012 年 2 月 21 日	普大煤业	2009 年 9 月 22 日	未决	APO	0.015	100%
2012 年 2 月 27 日	香格里拉藏药	2011 年 1 月 25 日	未决	IPO	0.003	318.06%
2012 年 3 月 27 日	众品食品	2006 年 2 月 27 日	未决	APO	4.31	46.58%
2012 年 4 月 2 日	稳健医疗	2005 年 12 月	未决	APO	1.08	26.47%
2012 年 4 月 17 日	盛泰制药	2007 年 5 月	未决	APO		50%
2012 年 5 月 9 日	诺康生物	2009 年 12 月	未决	IPO	1.06	56.75%
2012 年 5 月 21 日	宇信易诚	2006 年 11 月	未决	APO	0.716	23.37%
2012 年 6 月 4 日	古杉集团	2007 年 12 月	未决	IPO		78.02%
2012 年 7 月 6 日	尚华医药	2010 年 10 月	未决	IPO	1.47	23.5%～ 38.08%
2012 年 8 月 14 日	分众传媒	2005 年 7 月	未决	IPO	30.7	15.48%
2012 年 9 月 27 日	7 天连锁酒店	2009 年 11 月	未决	IPO	5.95	31.08%
2012 年 10 月 3 日	飞鹤乳业	2005 年 4 月	未决	APO	1.27	

　　私有化(privatition)，是指由上市公司大股东作为收购建议者所发动的收购活动，目的是要全数买回小股东手上的股份，买回后撤销这家公司的上市资格，变为大股东本身的私人公司。私有化以后，公司可以不再按照美国证券交易委员会的要求来做定期信息披露，企业的法律咨询费用、审计费用都可以适当减少，而公司高层和大股东施展动作也少了不少阻碍。当市值不能准确反映公司的价值时，私有化可以让公司行为不再以股价为中心，而

是依据现金流等因素来作出决策,可以提高公司在股市外其他市场的融资能力,公司治理会更加灵活。公司可以致力于长期目标,而不是常常为短期符合市场预期而烦恼。公众监管少了,一些敏感信息也可以不必要披露。

实际上,中概股的私有化之路走得并不平坦,私有化成败的关键,是解决私有化中的资金问题。私有化退市的程序启动之后,会涉及大量的费用,比如会计师、财务顾问、法律顾问、融资等各项费用,以及潜在的诉讼费用,单中介服务一项就可能要花费百万美元,而这些都还是较小的花费。私有化中花费的大头是在公开市场回购股票的费用,大股东除了运用自有资金进行私有化以外,还将借助外部的资金。中概股公司一般会引入私募股权投资(Private Equity,简称 PE)或者是找银行借贷。一般股权分散、耗资较多的私有化,大股东难以独立完成会引入 PE,如分众传媒在私有化的过程中就引入了 5 家 PE。但是对于股权集中、耗资较少的私有化,不一定会引入 PE。如,股权集中度达到 70% 的盛大,其私有化未引入 PE。中概股私有化的另外一种融资渠道是贷款,比如泰富电气为了完成私有化就向国家开发银行贷款 4 亿美元。

中概股私有化的时间,一般难以估计,各家公司根据自身的情况不同,成功完成私有化整个交易流程的时长各不相同。从目前已有的成功案例来看,私有化时间耗时最长的是泰富电气,长达 388 天,期间多次受到做空机构香橼的狙击。而私有化时间最短的,是环球天下,只花了 30 天时间。通常情况下,中概股完成私有化时间在 150~250 天之间,宣布私有化到达成协议占比一般是一半。

私有化之路并不好走

    过去两年来,中概股成功私有化案例不少,有估值高达22.6亿美元的盛大,也有估值仅3190万美元的经纬国际。当然,私有化的过程有非常顺利的,也有非常曲折的。被培生收购的环球天下在短短30天内完成了私有化过程;而泰富电气历经388天才完成私有化,且中间还被质疑不能筹集到私有化所需的资金,几经周折最终才完成私有化。2010年4月至2012年3月成功私有化中概股情况如表5-3所示。

表5-3　2010年4月至2012年3月成功私有化中概股情况

代码	公司名	宣布日期	完成日期	交易类型	股权价值	溢价	历时/天	要约方持股
TCM	同济堂	2010年4月8日	2011年4月15日	管理层收购	$117.1M	14%	372	83.0%
HRBN	富泰电气	2010年10月11日	2011年11月3日	管理层收购	$750.0M	20%	388	40.7%
BJGP	BMP太阳石	2010年10月28日	2011年2月24日	战略收购	$520.6M	30%	119	0
CPC	康鹏化学	2010年11月11日	2011年8月19日	管理层收购	$290.0M	28%	281	55.5%
CSR	中国安防	2011年1月31日	2011年9月16日	管理层收购	$583.2M	59%	228	20.9%
CFSG	中消安	2011年3月7日	2011年11月4日	管理层收购	$257.8M	23%	242	56.0%
FTLK	乐语中国	2011年3月25日	2011年8月25日	管理层收购	$433.9M	17%	153	77.1%
TBV	天狮国际	2011年6月27日	2011年8月11日	管理层收购	$122.7M	65%	45	95.1%
SNDA	盛大	2011年10月17日	2012年2月14日	管理层收购	$2263M	24%	120	69.7%
GRRF	国人通信	2011年11月12日	2012年4月17日	管理层收购	$69.9M	38%	157	41.9%
GEDU	环球天下	2011年11月21日	2011年12月21日	战略收购	$288.4M	105%	30	0
JNGW	经纬国际	2012年1月6日	2012年3月30日	管理层收购	$31.9M	64%	84	41.1%

注:表中股权价值单位 M＝Million(百万)。

    由上面的私有化案例可以看出,成功私有化的发起人一般都持有较大股份,除中国安防外,其他要约方持股都超过40%,并且背后都伴随着财团的支持。从私有化估值上看,多数案例都在 1 亿美元以上,只有国人通信和经纬国际的市值在 1 亿美元以下;不过,超过 10 亿美元的案例也很少,以上只有盛大一例超过 10 亿美元。所以分众传媒如果私有化成功将会是到目前为止中概股最大的一个私有化案例。从私有化过程所经历的时间上看,多数案例历时在 180 天以内,当然也有像同济堂和泰富电气那样超过一年的。

在过去的两年中,私有化案例多达几十起,大多数都还在进行中,成功的有十几例,当然失败的也不少。表 5-4 就是 6 个已经宣告或者基本宣告失败的私有化案例。

表 5-4　2010 年 9 月至 2012 年 2 月私有化失败的中概股情况

代码	公司名	宣布日期	终止日期	交易类型	股权价值	当前市值
QXM	侨兴移动	2010 年 9 月 9 日	2011 年 4 月 7 日	股东收购	$81.5M	$25.44M
CISG	泛华保险	2010 年 5 月 16 日	2011 年 9 月 15 日	管理层收购	$953.1M	$300M
CHNG. PK	西蓝天然气	2011 年 6 月 30 日	未决	管理层收购	$91.2M	$22.10M
CADC	新奥混凝土	2011 年 7 月 26 日	2012 年 7 月 12 日	管理层收购	$47.1M	$9.23M
TBET	香格里拉藏药	2012 年 2 月 27 日	未决	管理层收购	$44.5M	$1.19M

注:表中股权价值以及当前市值中单位 M＝Millon(百万)。

这些失败的案例中,有市值接近 10 亿美元的泛华保险,但多数是市值不到 1 亿美元的公司。西蓝天然气、香格里拉藏药和双威教育还在私有化过程中退至粉单市场交易。更难理解的是双威教育还在这过程中出现了董事会与管理层权力角斗的惨烈事件。要成功私有化需要股东认可要约价格,并且需要要约人筹措到足够的资金,但私有化失败则可以有很多原因,甚至还会上演戏剧性的事。

哪些公司会考虑私有化?

作为优质中概股代表的分众传媒控股有限公司在 2012 年 8 月宣布收到私有化要约之后,易凯资本有限公司首席执行官王冉认为,分众传媒的私有化会对中概股的股东们有更多心理暗示。今后,会有更多中概股寻求退市,也会有更多 VIE 架构的非上市公司试图变成"海归"转战 A 股市场或者直接卖给 A 股公司。的确,分众传媒的私有化可能引发多米诺骨牌效应,那么谁将成为新一轮私有化热点?

目前,很多在美国上市的公司正陷入业绩增长与估值低廉的"怪圈"。它们在保持业绩快速增长的同时,市盈率却屡创新低,更多的中国企业创始人对赴美上市似乎很后悔,在融资成本提升的情况下,还要承受大量费用和严格的监管。而之前不符合在国内上市条件的中概股们,随着国内资本市场的变化,择机私有化也许是更好的选择。

在更多的企业选择私有化这条路的时候,外界也在分析,哪些企业会继续考虑私有化。目前在国内互联网企业上市还缺乏条件,因此这类公司并无太大动力进行私有化,预计未来私有化的中概股仍将以小盘股及传统行业企业为主。

据 i 美股统计,截至 2012 年 8 月 14 日收盘,据不完全统计,按照各个公司最新披露的财报,目前在美上市的中国概念股中,现金大于市值的中国概念股共有 50 家(见表 5-5),而这些账面现金大于市值的公司,一般认为是今后私有化公司的来源。

表 5-5 现金大于市值的中国概念股(imeigu. com) 单位:百万单元

名称	市价	市值	EPS	PE	现金及短投	总资产	总负债	现金/市值
中电光伏	1.72	25.5428	−6.58	−0.26	362.68	859.82	729.63	14.20
阿特斯太阳能	3.03	130.762	−2.73	−1.11	625.16	1991.13	1535.61	4.78
泰克飞石		53.99	0.18	5.67	248.32	361.49	35.47	4.60
赛维 LDK	1.44	192.267	−7.31	−0.2	739.05	6637.21	5961.66	3.84
尚德电力	1.04	188.41	−6.55	−0.16	663.8	4378.6	3575.4	3.52
韩华新能源	1.04	96.2059	−2.54	0.41	337.71	1627.67	992.17	3.51
大全新能源	0.95	33.3857	−0.43	−2.21	114.59	919.16	479.87	3.43
晶澳太阳能	1	202.198	−1.16	0.86	691.15	2469.46	1469.66	3.42
昱辉太阳能	1.56	134.639	0.02	78	437.68	2047.67	1486.09	3.25
河南鸽瑞	2.07	120.581	1.18	1.754	391.85	644.89	332.61	3.25
金融界	1.3	28.34	−0.89	−1.46	91.57	145.68	55.8	3.23
耕生矿物		10.98	−0.387		34.07	167.51	116.43	3.10
喜得龙		49.34	1.61	1.21	152.41	336.54	38.71	3.09
华视传媒	0.26	26.3414	−0.2	−1.3	79.22	400.92	136.35	3.01
晶科能源	2.43	54.3318	−5.43	−0.45	162.07	1423.21	1018.24	2.98
鑫苑置业	2.88	210.044	1.5	1.92	604.66	1397.18	678.02	2.88
希尼亚		66.7	0.69	1.67	181.28	232.89	30.41	2.72
天银制药		13.52	0.53	0.87	34.19	98.88	11.17	2.53
明阳风电	1.27	155.893	−0.05	−25.4	393.45	1720.13	1119.49	2.52
英利绿色能源	1.77	270.161	−3.89	−0.46	674.68	4540.07	3440.8	2.50
联拓集团		23.28	0.28	2.82	55.74	370.2	229.17	2.39
科通集团	2.06	69.77	−0.75		157.43	410.7	161.21	2.26
九城关贸		39.37	0.09	12.22	80.76	203.71	47.14	2.05
豪鹏国际		14.66	0.18	6	29.72	99.47	69.64	2.03
天合光能	4.6	374.328	−1.59	−2.89	748.28	2982.46	1868.77	2.00
海湾资源		36.98	0.59	1.81	72.04	265.99	14.91	1.95

续表

名称	市价	市值	EPS	PE	现金及短投	总资产	总负债	现金/市值
玉柴国际	13.04	485.97	3.37	3.869	932.32	2928.78	1243.14	1.92
中华地产	1.44	50.5132	0.27	5.333	96.69	472.26	340.91	1.91
星源燃料		15.51	0.29	5.62	28.91	153.87	94.8	1.86
富维薄膜		15.8	0.82	1.48	27.8	120.89	32.33	1.76
UT斯达康	1.05	163.514	0.09	11.67	285.36	590.28	328.11	1.75
华奥物种		49.84	−0.54		85.1	1243.43	831.12	1.71
诺亚舟	1.26	49.9058	−0.16	−7.88	83.56	150.83	17.92	1.67
掌上灵通	1.71	72.06	0.4	4.27	112.68	202.46	26.97	1.56
永新新博	2.88	169.868	0.68	4.235	261.27	329.12	111.07	1.54
炬力	1.65	141.9	0.018	91.67	207.8	309.95	32.26	1.46
左岸	3.76	104.622	1.48	2.541	150.15	200.51	29.02	1.44
美新半导体		44.29	−0.24		61.83	122.97	35.21	1.40
盛大游戏	3.44	974.648	0.7	4.914	1292.1	1455.6	859	1.33
橡果国际	3.15	94.43	0.07	45	122.62	231.45	36.62	1.30
泛华保险	5.93	299.761	−0.949	−6.25	377.16	523.3	55.99	1.26
学大教育	2.93	195.586	0.07	41.86	245.43	313.28	153.84	1.25
21世纪不动产	1.79	26.5585	−3.13	−0.57	30.06	109.59	40.61	1.13
完美世界	10.31	476.135	3.06	3.369	524.42	1004.31	429.37	1.10
航美传媒	1.85	115.854	−0.21	−8.81	126.38	359.38	96	1.09
中国信息技术		20.79	−0.67		22.67	351.68	118.06	1.09
正兴集团	2.67	137.799	1.24	2.153	146.14	666.91	341.08	1.06
麦考林	0.89	51.5173	−0.57	−1.56	54.28	141.5	34.21	1.05
思源	1.42	68.6126	−0.15	−9.47	67.51	149.76	25.22	0.98
柯莱特	1.92	85.25	−0.91		80.16	300.24	66.45	0.94

其中现金净值大于市值的有11家(见表5-6)：

表 5-6　净现金大于市值的中国概念股(imeigu.com)　　单位:百万美元

名称	市价	市值	EPS	PE	现金及短投	总资产	总负债
泰克飞石		53.99	0.18	5.67	248.32	361.49	35.47
喜得龙		49.34	1.61	1.21	152.41	336.54	38.71
希尼亚		66.7	0.69	1.67	181.28	232.89	30.41
天银制药		13.52	0.53	0.87	34.19	98.88	11.17
海湾资源		36.98	0.59	1.31	72.04	265.99	14.91
诺亚舟	1.26	49.9058	−0.16	−7.38	83.56	150.83	17.92
金融界	1.3	28.34	−0.89	−1.46	91.57	145.68	55.8
炬力	1.65	141.9	0.018	91.67	207.8	309.95	32.26
掌上灵通	1.71	72.06	0.4	4.27	112.68	202.46	26.97
左岸	3.76	104.622	1.48	2.541	150.15	200.51	29.02
泛华保险	5.93	299.761	−0.949	−6.25	377.16	523.3	55.99
橡果国际	3.15	94.43	0.07	45	122.62	231.45	36.62
永新视博	2.88	169.868	0.68	4.235	261.27	329.12	111.07
九城关贸		39.37	0.09	12.22	80.76	203.71	47.14
凹凸科技	3.94	130.28	0.28	14	119.71	195.02	27.76
利华国际	4.7	141.15	1.67	3	107.99	246.37	14.63
淘米	3.93	143.62	0.56	7	121.12	136.8	31.43
思源	1.42	68.6126	−0.15	−9.47	67.51	149.76	25.22
美新半导体		44.29	−0.24		61.83	122.97	35.21
艺龙	13.68	468.81	0.22	62	302.89	358	36.38
人人	3.97	1540.19	0.01	397	922.12	1238.56	77.74
世纪佳缘	4.47	141.52	0.17	26	95.29	106.68	20.53

　　越来越多的 PE 机构参与到中概股私有化的进程中,但是私有化之后,

这些 PE 机构如何退出,引人关注。一般的情况是,这些退市后的中概股,将会回归 A 股、港股,或者被并购,但是至今还没有任何成功的案例。

不要一窝蜂私有化

但是就像不是所有的中国企业都适合赴美上市一样,也并不是所有的企业都适合私有化。有律师建议:公司概念能够得到美国资本市场认可,需要融资,且又找得到估值较好的融资渠道的中概股,没有必要私有化;有些无显著赢利历史,无优良融资渠道,又无法在香港和内地上市的科技板块股票可以考虑继续在美国坚持;公司股价已经被低估,业绩不好,无法支付每年在美国市场高额的挂牌费用,且有实力回购股票的中概股企业,则可以考虑私有化。

春华资本集团合伙人廉洁建议中国企业在考虑私有化的过程中,要想清楚诸多问题:

第一,要搞清楚公司跟法律相关和股东结构相关的诸多问题。早年很多反向收购上市的中国企业都是在美国或其他地方注册的,如果该中概股是一家在美国注册的公司,必然要受美国法律的监管,在私有化的过程中会遭遇很多的集体诉讼。另外,税负也是一个很大的问题,在过去几年中,春华资本所接触到的很多家在美国注册的中国公司,在考虑私有化的过程中,根本就没有将税负考虑进去,春华资本通过专业的税务专家、审计专家做了具体测算,对一家公司而言,这一税负甚至到了几千万美元的数额。

而股东的结构也非常重要,如果大股东有超过 50％、60％的控股权,私有化决议在最后股东大会上很容易通过;但如果整个公司的大股东、管理层才拥有10%、20%的股权,最后怎样通过近20个星期工作的努力,得到股东大会的批准,也是很多人需要去考虑的问题。

第二,财务和时间的成本,除了税负成本大,其实交易费用成本也是不容忽视的。整个财务顾问、律师费用是一笔非常大的开销。如果要做杠杆收购,找借贷资本,也会是一笔很大的费用。春华资本接触到一些企业家,前期对私有化非常笃定,但是当根据公司的规模测算出私有化的成本之后,很多都退却了。

另外,时间成本也很重要,本身私有化过程很长,有些人花了将近一两年时间,有的则时间很短,而这一过程却非常复杂,光跟美国证监会反复的沟通就要花费很长的时间,另外在这近20周的私有化时间里公司毕竟还要运转,企业也很容易因为运作私有化而影响到业务的发展。而私有化之后的去向,目前也非常不明确。

第三,私有化融资渠道很重要,现在中国概念股在国外有很多现金,而除去现金很多中概股的PE可能不到一倍,甚至很多公司的现金比公司市值还大,这样的企业如果做私有化,资金来源可能会容易一点,可以做过桥贷款,但对于很多公司来讲,毕竟在私有化的过程中需要大量的资金,钱的来源是一个很关键的问题。

中国的企业选择私有化退市,很多企业也希望同时转型。企业在美国上市,每个季度都要公布业绩,并要讲新鲜的故事给投资人听。有些企业不是要做大的转型,而是想要做一些新的业务,当华尔街的投资者看到公司没有新鲜的故事时,这个季度的股价就会跌一两个百分点,这也是资本市场对企业的惩罚。企业在发展的过程中,如果不能抗住这种压力,就会感到资本

市场给予更多的不是支持,而是束缚。同样,如果找银行贷款有时候也会遇到类似的事情,银行答应给企业贷款的时候,会有很多对业绩的限制。企业有时候想到未来严峻的经营环境,会答应银行严格的约束条件,这样一来反而达不到企业重生的目的。在这个领域,借贷的银行一定会通过业务、财务、市场来非常详细地判断能不能给企业借款,而此时企业拿银行的钱也要非常的谨慎。

第四,企业家在进行私有化考量的过程中,要警惕中介机构,包括投行、私募基金等为了做项目,从自身的角度出发来煽惑或引导企业做私有化。因此,找到对的合作伙伴,切身实地地考虑私有化是非常重要的。一旦宣布私有化,企业将会被资本市场的一批诉讼律师盯上,迎面而来的集体诉讼等诸多环节,有时候甚至可能会拖垮一个企业。

此外,私有化之后企业下一步的归宿在哪里也是要提前思考的问题。很多企业在美国的 PE 才三四倍,而一些可能是前景很差的同行公司,在国内资本市场上,甚至可以达到 60 倍的 PE。这也让很多在美国上市的企业家心里非常不平衡,很多企业家想着要私有化退市之后到中国上市,享受高倍数的市盈率。但是,对企业退市之后能否在国内上市,却是需要慎重考虑的。要到 A 股上市,企业除了要排队之外,国内的监管可能是全世界最严格的,有很多条条框框的标准要求,企业能否达到要求,能否在一到两年内就到 A 股上市,抑或是要 3~5 年,都是很难判断的事情。而企业在私有化的过程中,高层会否牵扯太多的精力在资本运作,而忽略了企业的正常发展,这些都是中国企业在寻求私有化之前,就应该想清楚的。

警惕私有化中的做空和诉讼行动:泰富电气的应对样本

中概股在私有化的过程中,受到做空机构质疑以及美国律所发起的集体诉讼也是常有的事情。在中概股私有化的过程中获利,也是做空机构最擅长的事情。在私有化中被做空,香橼和哈尔滨泰富电气有限公司之间的战役发人深省。虽然最后泰富电气私有化也成功收场,但是其历经近 400 天的私有化过程,给泰富电气董事长杨天夫和一些正在寻求私有化的中概股的企业业主们上了生动的一课。

2010 年 10 月,这家 2005 年在美借壳上市、已经挂牌 5 年的泰富电气公司,终于不能继续坚持待在美国资本市场。10 月份,董事长杨天夫宣布以每股 24 美元的价格收购公司流通在外的普通股,所需资金近 5 亿美元;由高盛私募股权亚洲集团担任其财务顾问,美国世达律师事务所做其法律顾问。与众多的中概股私有化案例一样,杨天夫在提交私有化的方案之后,也一直受到投资人或者是匿名人士对其方案的质疑,但是在提交私有化方案半年的时间里,泰富电气的股价都保持在 16~23 美元之间。

杨天夫私有化的 5 亿美金当然不是一个小数字,发出私有化要约之后,杨天夫与国家开发银行香港分行签订了 4 亿美元的贷款协议,主要用于私有化,泰富电气的大股东之一,持股 5.41% 的新加坡磐石基金公司也决定与杨天夫合作,两者作为共同利益人合计拥有泰富电气 3125 万股中的 40.6%。杨天夫只需要收购在外的 59.4% 股份,总成本为 4.5 亿美元,这样杨天夫只需要自筹 5000 万美元就可以完成这次私有化。

然而,在泰富电气 2011 年 4 月 15 日提交给美国证券交易委员会的文件

中,杨天夫并没有将私有化方案所需要的资金来源进行披露,而这引起了香橼的质疑。从那时开始,香橼与泰富电气的开战警报正式拉响。

2011 年 6 月 1 日,当时泰富电气的股价在 16～17 美元徘徊,当天,香橼发表了第一份对泰富电气的做空报告,其主要对泰富电气两点提出了质疑:第一,是每股 24 美元的收购价格,香橼认为该公司的股价或许应该低于 7 美元,计算的根据是 2010 年泰富电气曾经用 700 万股的质押,从国家开发银行贷款 5000 万美元;香橼质疑的第二点便是杨天夫根本就无法拿出 5 亿美金的钱来进行私有化。做空报告发出之后,泰富电气的股价应声下跌。而此前,杨天夫观察到,做空方已经在泰富电气的看跌期权上大量下注,特别是泰富电气 6 月 18 日 10 美元和 7.5 美元的看跌期权,交易非常活跃。

杨天夫当然得积极地进行反驳,首先要回答的问题是私有化的价格如何确定。据了解,私有化的收购价是根据美国相关收购法律计算出来的,主要的计算依据是发行价、过去三年平均价,以及上一年和未来 5 年的财务数据等。要约收购则还要在计算结果基础上再溢价 30％～35％,按照这样的常识和法律规定,泰富电气最终将收购的价定在 22～24 美元之间。

实际上,在 2010 年 10 月初,市场上关于泰富电气私有化的传言就已经甚嚣尘上,泰富电气的股价就一度应声上涨到 20 美元。若再不发出私有化要约,启动私有化,可能泰富电气就不得不以更高的成本回购股票了。于是,在 10 月份,泰富电气就宣布了私有化。在实业领域经营多年的杨天夫也觉得资本市场的水太深。

按照私有化的程序,杨天夫开始与泰富电气的三位独立董事特委会成员进行谈判。至此,曾经与杨天夫一起并肩作战的团队,开始以乙方的身份和他们聘请的摩根斯坦利等顾问团队一起,为了自身利益的最大化而与杨天夫进行谈判。为私有化寻求资金,首先杨天夫考虑的是引入 PE。杨天夫随后在香港与特委会沟通了近 3 个月,这个在资本市场仅有 5 年经验的杨天夫,先后与强势的凯雷、KKR、贝恩资本等众多的潜在买家进行谈判,但是遗憾的是,没有人愿意出高于 24 美元的收购价格。

PE 融资受阻的杨天夫此时已经筋疲力尽,于是继续找银行借贷,他曾与多家国际大型商业银行接洽,但银行给出的条件是年利率超过 10%,即 4 亿美元一年利息就要 4000 万美元,资金成本太高让杨天夫难以接受。杨天夫于是转身找到曾经贷款给自己的国家开发银行香港分行,双方于 2011 年 4 月中旬初步达成贷款意向。此后,国家开发银行开始对杨天夫提出回购公司的相关方案进行尽职调查。

香橼在发表第一篇泰富电气造假质疑之后,6 月 6 日,香橼又开始质疑泰富电气的三位特委会成员,但是并未在市场上引起波澜。而诡异的是,杨天夫发现,市场上泰富电气的空单越来越多。

在做空单到期还有 9 天的 2011 年 6 月 9 日,香橼发布了第三篇质疑文章,主要对国家开发银行为泰富电气提供的 4 亿美元贷款的真假问题进行了质疑。香橼认为,2010 年 11 月泰富电气,曾从国家开发银行以质押价值 1.3 亿美元的股票获得 5000 万美元的贷款,如果按此比例,泰富电气想要获得 4 亿美元的贷款就需要杨天夫提供 10 亿美元股票担保,但是泰富电气即便按 24 美元/股计算,其全部市值才 7.5 亿美元。同时,当时通过 APO 在美国上市的中概股被摘牌的案例很多,国家开发银行应该会作足够的风险评估,不会对这么大的风险处之泰然。所以,香橼得出的结论是泰富电气正在欺骗

公众,该公司即使没有被停牌,其股价最多也只值 5 美元。

而国家开发银行的这笔巨额贷款,杨天夫到底是如何借到的,他给媒体解释是:"2010 年上市公司从国家开发银行贷到 5000 万美元的流动性贷款。操作方式是泰富电气将其境内资产抵押给杨天夫,而杨天夫以个人所持泰富电气的 700 万股票在境外作贷款质押,从国家开发银行香港分行贷出美元。而这次的 4 亿美元是杨天夫以个人名义获得的一笔并购贷款,与公司无关。这笔贷款放款的程序是,杨在英属维京群岛注册一个壳公司,由壳公司与国家开发银行签订并购贷款合同。在收购合并的一瞬间,所有股东的股票都合并到壳公司,在这一时点上,国家开发银行放款。一天不合并,这钱我也摸不着。"

而国家开发银行在同意贷款给泰富电气之前,也对泰富电气作了非常详细的尽职调查,如详细了解泰富电气的资产、收入、现金流等,最后国家开发银行认定泰富电气的现金资产超过 8 亿美元。杨天夫认为这两次贷款,公司的股价、资产价值、贷款主体和用途都不同,也没法类比,"这个道理,稍有点金融常识的人都懂,故意'做空'的人当然也懂,但他偏要装不懂,并且还要把其他投资人搞糊涂"。

2011 年 6 月 9 日,香橼的做空报告公布后,泰富电气的股价略有波动,但收盘维持在了 15.48 美元,第二天的收盘价更是出现大幅上升。6 月 15 日,开盘后泰富电气股价一路下行,最终收盘在 14.3 美元,此时离空单日还有两天。从当时的情形看,杨天夫觉得香橼不可能找到一种方法让泰富电气的股票在两天内跌去 50%。因为杨天夫觉得,过去的几个月时间,所有与泰富电气相关的利益方,包括国开行、高盛、独立董事以及磐石基金都被香橼质疑了一遍。

离做空单到期时间越来越临近,股价仍徘徊 14～15 美元之间,6 月 18 日的 10 美元和 7.5 美元看跌期权的价格已经快跌到零了,但同时建仓也越来越多。6 月 16 日,泰富电气股价微微高开,然后升至 14.5 美元。突然,香橼公布了它的第四份质疑报告。报告认为,现在应该是美国证券交易委员会给泰富电气停牌的时刻了,因为该公司的首席执行官是个骗子。香橼通过可靠的来源获得了一份该公司首席执行官曾利用欺骗手段获得担保贷款的文件,在这份协议中,杨天夫承认自己犯罪。同时报告中还链接了这份《协议书》的 PDF 文档。

消息一出,泰富电气的股价从 14.5 美元惨跌至 5.82 美元,收盘时勉强升至 6.98 美元。突如其来的转折让杨天夫领教了美国资本市场的野蛮与血腥。根据该犯罪《协议书》内容显示,所涉事件的最终裁定时间为 2004 年,而泰富电气于 2005 年才到美国 OTCBB 交易。杨天夫之后向媒体解释道,70 万元欠款事件发生在 1993 年,当时杨天夫还在经营一家木业公司,与泰富电气一点关系都没有。而令杨天夫更加惧怕的是,做空机构得到这样一个信息的来源,势必是通过国内的渠道,一些中国人的所作所为让杨天夫感到非常害怕。

2011 年 6 月 20 日,泰富电气向美国证券交易委员会递交了 8－K 文件,表明公司董事会一致同意杨天夫提出的私有化收购方案。消息公布后,泰富电气大幅高开,终盘报收于 13.35 美元。最终,从宣布发出私有化要约到私有化完成,泰富电气总共经历了波折的 372 天。

与中概股被做空之后,遭遇不断的集体诉讼一样,中概股在私有化的过

程中,也会因为各种原因而遭到集体诉讼。

比如,2012 年 7 月,宣布私有化半年之后的香格里拉藏药就被美国律所发起了集体诉讼,其被告理由是其首次发行股票时的招股书里隐瞒了真实的财务状况,称其在招股书中只是表示公司面临着潜在的内部管理问题,但事实是该公司当时已经出现了重大内部管理问题。确实,中概股从 2007 年到 2011 年,与交易伴随而来的诉讼比例逐年提高,2007 年涉诉的交易比例为 53%,到 2011 年,这一比例上升为 91%。同时,每个交易涉及的诉讼数量也呈现增加的态势,2007 年每个交易涉及的诉讼量平均值为 2.8 起,到 2011 年则增加到 5.1 起。

2010 年到 2011 年,美国证券市场共产生了 1529 起交易诉讼。仅 2011 年,针对中国公司的案件就多达 44 起,占到全美证券诉讼的 18%。其中,标准案件占了 47%,并购案件占了 29%,信贷危机案件占 5%,庞氏计划引发的案件占 1%。

中国概念股的诉讼风险正在加剧,且这种无法避免的集体诉讼多发生在借壳上市的公司身上。据熟悉美国资本市场的律师介绍,一个很重要的原因是,大部分反向并购的公司都是在美国注册公司,主要分布在特拉华州、内华达州等,这使得美国律师有可能通过美国各个州当地的公司法,去指控这些公司的高管违反信托业务。正是因为它们的注册地在美国,所以可以用到美国的公司法。但是对于其他直接 IPO 的公司来说,这些公司往往选择在开曼群岛注册,适用开曼群岛的法律,这样遭遇美国公司法诉讼的风险相对就会小一些。

中概股还适合赴美上市吗？

事实上，一直以来并不是所有行业都适合海外上市，对美国市场来说，美国人更容易接受的概念，就会得到更好的估值。可以断言的是，随着中美资本市场互动的加强，21 世纪初期，美国资本对中国概念那种不甚了解但是好奇心强，以至于非理性地看好的现象，将会一去不复返。随着中国企业对美国资本市场越来越透明，美国资本市场对中概股的判断将会更加理性，而近几年由于中概股被贴上造假的标签，这种歧视也将会持续较长时间。

对于那些希望赴海外上市的公司，目前的阻力会非常大。中概股遭遇做空潮之后，华尔街投行、资本界的人见了中国要来 IPO 的公司，第一个问题就是你会不会做假账，第二个问题是你会不会不经过投资人的同意就把资产转移。也就是说，除了对公司造假的担忧以外，美国资本市场对 VIE 模式的担忧也是成为中国公司赴美上市的一大困扰。

在美上市的中国概念股依上市途径主要分为两类：一是 IPO；二是 APO（借壳上市）。据美国公众公司会计监管委员会（PCAOB）统计，从 2007 年 1 月 1 日至 2010 年 3 月 31 日，共有 159 家公司通过借壳上市进入美国资本市场，融资 128 亿美元；另有 56 家中国企业通过 IPO 的方式进入该市场，融资 272 亿美元。由于中概股从 2007 年到 2010 年大量上市，对中国概念的大量透支，以及中国资本市场的多元化日趋完善，分析认为借壳上市这条路对中国企业来说已经走死了。据纳斯达克和纽交所中国代表介绍，2011 年到

2012 年,已经有近 40 多家中国企业表现出了强烈的赴美上市的意向,这些企业主要以高科技、互联网企业为主,其中就包括上市未果的迅雷、神州租车等。而这些企业正在等待合适的上市时间窗口,何时能上市得看美国投资者什么时候消除对中国概念股造假的阴影。

恢复美国投资人信心

在中概股正在美国资本市场上遭受到攻击的 2011 年 9 月,笔者将中概股应该如何应对这些做空者的指责的问题,抛给正在中国做演讲的投资大亨吉姆·罗杰斯(Jim Rogers)时,他认为中概股最理智的做法就是做好业绩的经营,让公司业绩说话,不用理睬做空机构,因为做空在美国非常平常,且这些以发布做空报告赢利的机构在美国也不是主流。

当然,罗杰斯所说的中国企业的前提条件必须是真的不存在造假动作,美国资本市场对造假是零容忍的,一旦发现企业存在造假,后果将会非常严重。而那些被误伤的企业,也就是真正资质较好的公司,由于治理完善,投资人相对成熟,资金规模大,围绕公司价值多空双方博弈也较充分。在美国上市的公司,只要坚持去做一家好公司,好好经营,做好与投资者的关系,围绕公司价值多空双方就会有一个均衡博弈,在遭遇恶意做空的时候,不会出现一边倒的情况。

对于买壳上市再转板的公司,虽然它也是一个美国允许的合法途径,但远没有直接 IPO 的公司规范。而投资这类公司的群体基本上是散户加上一些比较小但投机性很强的对冲基金。这类投资人不同于主流基金,在宏观分析、行业判断上较弱,容易跟风,这是很多中概股在做空潮中惨淡败北的一个很重要的原因。因为当公司出现问题时,这些投机性质的小基金跑得也是最快的。奇虎360创始人周鸿祎就表示,一定要说服一些基金来长线持有你,只有这样,当困难发生的时候,总是有长线基金能够支持你、理解你。有资本界人士,将在美国资本市场上这10年发生的事情概括为"那一代的人,那一代编剧,那一代的故事落幕了。为它们收场的是被摘牌、退至粉单市场或在OCTBB继续挣扎"。而留下的后遗症是,美国证券交易委员会对中国赴美上市公司要求更加严格,用投行人士的话说就是:即使你没事,做空机构也会给你一张列有几百个问题的清单让你先回答,看能不能找到毛病,如果有毛病就抓住不放,从交易所角度会让你停牌、退市;从美国证券交易委员会角度,最后这类中国公司可能面临起诉、罚金。

而据笔者在采访中了解到的信息,之前充当中概股上市的承销商的罗仕证券已经转向并购方面的服务,一些上市中介如沃特集团也已经将业务调整到目前正火热的并购中介。中美桥梁资本、美国纽约集团等上市中介已经纷纷倒闭,其曾经在借壳上市时涉嫌造假的创始人们徐明、本杰明·卫等据传都在接受法律的问责。

要恢复美国投资者对中国的信心,慕容投资有限公司创始合伙人赵众认为,中概股要赢回市场信任的话,单靠个别公司是很难成功的,只有让中美政府层面的机构介入,靠它们的背书才是正道,他认为中国的相关监管机构必须与美国机构合作,而且必须是政府层面的合作,利用美国相应机构的公信力来让市场人士放心。而李开复目前联名国内的60多名企业和资本界人士向香橼发起的战书根本也是标本都不治的行为,在美国资本市场并没有引起丝毫波澜。

VIE 模式也被认为是中概股的又一大隐忧

近 10 年来,中国企业为了融资,在国内上市无门且对中国资本市场漫长的审批过程无法等待的情况下,想到了到海外上市,中国企业赴海外上市也必须得到中国证监会漫长的审批。同时,政府对一些行业外资进入有明文的禁止或限制规定,比如新闻网站、在线支付、网络游戏、在线视频等,使得国内的一些企业想得到国外投资非常困难。为了解决以上两种融资问题,有会计师想出了 VIE 结构。

根据定义,VIE 模式是指离岸公司通过外商独资企业,与内资公司签订一系列协议,变身为内资公司业务的实际受益人和资产控制人,以规避《外商投资产业指导目录》对于限制类和禁止类行业限制外资进入的规定。

据了解,十余年来,到境外上市的传媒、教育、消费、广电类的企业也纷纷采纳这一模式。而随着 VIE 的风行,美国通用会计准则(GAPP)也专门为此设计了“VIE 会计准则”,允许在美上市的公司合并其在中国国内协议控制的企业报表,这一举措解决了困扰中国公司的财报难题。据不完全统计,从 2000 年至 2013 年 3 月,通过 VIE 模式实现境外上市的内资企业约有 250 家。京东商城首席执行官刘强东就坦言,就我知道的国内所有拿到融资的互联网企业,包括上市和未上市的,全部是 VIE 结构!包括京东商城!

表 5-7 是 2000 年至 2012 年中国行业 VIE 结构统计分析。

表 5-7 中国行业 VIE 结构统计分析

行业分类	VIE 结构	非 VIE 结构	VIE 占比
商业服务	37	6	86％
电子和电力设备	12	28	30％
化工产品	5	20	20％
教育服务	8	2	80％
通讯	4	4	50％
房地产	3	0	100％
零售	3	0	100％
批发耐用品	2	1	67％
工业机械和设备	2	4	33％
基本金属	2	5	29％
农产品	2	0	100％
其他	17	63	21％
合计	97	133	73％

采用 VIE 结构的目的和实际结果，都是规避中国的法规。近 10 年来中国政府对中概股的 VIE 结构并没有持明确的支持态度，一般而言会把这种态度理解为默许。美国投资者也将中概股的 VIE 模式认为是影响他们投资中概股的一个不利因素，且草木皆兵。2011 年，在"支付宝股权转移事件"发生的当口，中国商务部发布了《商务部实施外国投资者并购境内企业安全审查制度的规定》，其中一条就是"证监会建议取缔备受争议的可变利益实体"。该条例一出，当日纳斯达克上市的中国互联网公司股票遭遇全线大跌，同时遭遇牌照问题传言的新浪网更是当日大跌 15.17％。同样，在 2012 年 8 月，当新东方传出美国证券交易委员会正在对其调整 VIE 结构进行调查的当天，新东方股价大跌 34.32％，并遭到投资者大举抛售股票。其中，新

浪、百度、搜狐等 VIE 模式的中概股股价均创 52 周新低。

一般认为，VIE 结构存在以下几个风险：

1. 风险评估。国家相关部门对 VIE 结构采取默许的态度，目前并没有实质的可操作的明文规定。一旦国家相关部委出台相应的规定，可能会对采取 VIE 结构的公司造成影响。

2. 外汇管制风险。利润在境内转移至境外时可能面临外汇管制风险。

3. 税务风险。VIE 结构的公司将会涉及大量的关联交易以及反避税的问题，也有可能在股息分配上存在税收方面的风险。

4. 控制风险。由于是协议控制关系，上市公司对 VIE 没有控股权，可能存在经营上无法参与或控制公司经营管理的问题。

目前，国内很多采用 VIE 模式的企业，随着境外资本的寻求退出，都在等待海外上市，如迅雷等互联网企业。如果这个问题没有从根本上得到解决，这些企业想上市还是要面临不小的质疑，当然解决问题的关键还是在中国的监管层面。

中概股该何去何从

20 世纪 90 年代的美国，无疑是世界上最大的资本市场，全世界的钱都蜂拥而至，且美国市场对企业的财务状况的宽容，使得美国成为企业融资的首选之地。就行业而论，美国市场是全球对 TMT（科技、媒体、通信）行业估值最高的地方，所以中国互联网、传媒企业都纷纷涌入美国上市，且美国的投资者都是机构投资者,相对专业。所以从 1990 年开始到 2010 年,中国企业刮起多轮赴美上市的潮流。而随着部分中概股造假的发生,美国资本将对中国企业在相当长的一段时间里面,保持谨慎的心理。

在这种情况下,越来越多的中概股选择私有化,但是私有化真的就是良方吗? 并不是所有的企业都有能力实现私有化,因为私有化中企业回购在外的股票,需要大笔的资金,若此中概股对投资人没有吸引力,没有 PE 与之合作或者无法拿到银行贷款,企业会筹集不到足够的钱进行私有化。

在笔者采访的案例中,很多中概股就选择待在了粉单市场。在粉单市场,企业不需交太多费用,也没有义务进行财务披露,如瑞达电源就是其中一个,在粉单市场唯一的好处就是公司可以继续维持上市公司的身份,让企业显得有面子。

但是对于多数能够筹到钱进行私有化的企业来说,若企业价值被美国资本市场严重低估,市盈率太低,这样会让中概股在美国资本市场再融资的成本变得非常庞大,不划算。以在美国上市的制造业公司为例,目前的市盈率约为 5 倍,而香港市场正常的市盈率约为 10~12 倍,而 A 股市场达到了 20 倍。盛大、分众传媒这些市值较大的中概股,就选择了在企业被低估的时候进行私有化,成本会相对较低,而此前私有化的企业都是中小企业。2012 年,在投资收益可期的情况之下,大量的基金开始进入私有化领域。著名的基金公司凯雷投资、中信资本等都开始频繁现身私有化项目当中。

但是,除开成本的因素,逃离美国资本市场进行私有化并不适用于所有公司,因为美国资本市场对一些特定的行业有更高的认可,转移到国内可能无法吸引到更多的投资者。

　　李开复认为,在美国上市的公司应该更好地学会怎么跟媒体沟通,尤其是顶尖媒体,例如《福布斯》、《华尔街日报》等,并学会用社交媒体脸书(Facebook)、推特(Twitter)来发表自己的声音,而简单的威胁逮捕或者仅将国外事件对国内媒体发声,都是很消极的方式。已经在美国上市的企业,李开复希望它们能够坚持下去,这些企业在做的不只是为自己利益最大化,还要为中国未来的上市公司在境外铺路。

　　针对仍未上市的企业应慎重选择上市地点。其中传统行业中的中小企业,由于其估值较低,跑去美国上市已经没有意义,适合的企业则要等待时间窗口。有些还没赢利的公司想要上市只能去国外,因为投资者会认可概念性投资,而在国内或者A股它们则不符合连续三年赢利的上市要求。

　　美国资本市场对科技类、互联网类、高科技类企业,给予了很高的估值和认可。李开复认为高科技公司在海外上市,可作为整个创新经济的温度计,如果高科技公司都隐藏起来,会损失很多可让大家分享的技术和商业模式,而这些公司通常也需要更多的资金投入。中国经济的增长速度在很长时间里都会比美国快,而且在移动互联网等领域甚至可能出现爆发式上涨。

　　与此同时,越来越多的热钱开始流入中国,中国是不缺钱的,只是很多钱都找不到出口。其次,美国市场对中概股的估值已经非常低了,估值溢价的优势明显不存在了。同时,随着中国在全球经济的重要性的加强,美国的机构投资者开始在中国布点,并在中国建立了庞大的分析师体系,再加上资本市场对外资的渐渐开放,中国的企业已经不需要到美国上市,外资就可以参与认购了。再者,中国企业上市,一定要尽量与有影响力的核心股东绑定。华兴资本董事长包凡就说,对于上市公司而言,请一些有实力的公司做核心股东,这样公司也就更强了。他以之前在摩根斯坦利工作的经历举例道,一些公司每年要给摩根斯坦利贡献 5 亿甚至 10 亿美元的营收,公司与投行之间是一个价值链上的关系,企业一旦出现问题,这些机构也会来帮助。他还说:"20 世纪 90 年代的时候,美国企业也到欧洲做路演,到了 2000 年美国企业就没有去欧洲上市的,全在自己的市场上上市,中概股应该有更多中国自己的投资人,所以以后中概股也不需要做旧金山、波士顿的路演,直接在国内路演,吸引国内大的机构就好了。"

同时,他认为资本市场正在展现出其本地化的趋势。美国的资本市场是全球最成熟的,中国市场刚开始的时候的确需要美国这样的资本市场,学习其操作模式,而不光是中国,日本、韩国等企业,也一度纷纷将美国资本市场作为自己的上市首选。但是,到目前为止,仅从日本和韩国的例子来看,越来越多的企业都倾向于在本国的资本市场上市,本土的投资人投资本土的公司有很多天然的优势。而未来,投资人也会越来越本土化,因为毕竟通过这次中概股的危机,美国的投资人也会发现,远在大洋彼岸的美国投资人,如果不对自己所投资的中国企业有更多的了解,其带来的后果是非常严重的。而投资人的本土化,必将是一大趋势,且目前中概股的散户们很大一部分,就是中国人。

中美资本市场,由于政治体制、社会体制、语言、文化方面的不同,导致整个投资领域价值链体系出现巨大差异,这也使得中国企业在美国会面临水土不服的问题,而当越来越多的中国企业发现在美国上市的优势渐渐消失,且中国资本市场环境在逐渐完善,在上市选择上,它们将更多地倾向于本土或者是周边市场,这也将是未来的一大趋势。

图书在版编目（CIP）数据

做空之祸：谁在分食中国概念股 / 石俊著 . —杭州：
浙江大学出版社，2013.8
ISBN 978-7-308-11881-1

Ⅰ.①做… Ⅱ.①石… Ⅲ.①境外上市－上市公司
－企业管理－研究－中国 ②资本市场－研究－美国
Ⅳ.①F279.246 ②F837.125

中国版本图书馆 CIP 数据核字（2013）第 170839 号

做空之祸

──谁在分食中国概念股

石　俊著

策 划 者	蓝狮子财经出版中心
责任编辑	黄兆宁
封面设计	红杉林文化
出版发行	浙江大学出版社
	（杭州市天目山路 148 号　邮政编码 310007）
	（网址：http://www.zjupress.com）
排　　版	杭州中大图文设计有限公司
印　　刷	浙江印刷集团有限公司
开　　本	710mm×1000mm　1/16
印　　张	13.5
字　　数	221 千
版 印 次	2013 年 8 月第 1 版　2013 年 8 月第 1 次印刷
书　　号	ISBN 978-7-308-11881-1
定　　价	35.00 元

版权所有 翻印必究　印装差错 负责调换

浙江大学出版社发行部联系方式：0571－88925591；http://zjdxcbs.tmall.com